**Visuele Balans + Eenvoud + Storytelling = Process-bility**

Mijn lieve Mauren,

Dank je dat je mijn rots in de branding was, die alles regelde zodat ik me kon focussen op het schrijven. Je gaf me de ruimte om tot diep in de nacht te werken en dit project werkelijkheid te maken. Ik had het nooit gekund zonder jouw liefde, geduld en onvoorwaardelijke steun.

Met heel mijn hart,

Kevin

**BPMN Made Easy with Process-bility**
Effective Visual Communication for Digital Transformation


**Published by Process-bility Press**

www.process-bility.com

**ISBN: 978-1-7638978-1-6**

Aan mijn Nederlandse lezers,

Hartelijk dank dat u “BPMN Made Easy with Process-bility” in handen hebt genomen.

BPMN is nooit echt eenvoudig geweest, en juist daarom heb ik dit boek geschreven. Van complexiteit naar helderheid, dit boek gaat over het eenvoudig, praktisch en effectief maken van BPMN met Process-bility.

Ik heb altijd geloofd dat taal mensen moet samenbrengen, niet uit elkaar moet drijven. Ik sprak Hakka tot mijn vijfde, leerde vervolgens Kantonees en Mandarijn voordat ik twaalf werd, Maleis en Engels in mijn tienerjaren, en zelfs Hokkien nadat ik getrouwd was. Elke taal leerde me iets nieuws, maar de kern is altijd communicatie en verbinding met anderen te bevorderen. BPMN is niet anders. Het is een taal. En het wordt krachtig als we het gebruiken om helderheid en verbinding te creëren.

BPMN is niet anders. Het is een taal. En het wordt krachtig als we het gebruiken om helderheid en verbinding te creëren. Ik leerde Peter Klein kennen op LinkedIn tijdens COVID. We spraken dezelfde taal – BPMN – en ik realiseerde me al snel dat Peter een van de beste BPMN-experts ter wereld is.
We delen een gemeenschappelijke visie op BPMN en hoe het optimaal kan worden toegepast.

Ik heb zo'n vermoeden. dat deze Nederlandse versie van het boek zelfs beter zou kunnen zijn dan het originele Engelse exemplaar.

Laten we BPMN eenvoudig maken.

Hartelijke groeten uit Melbourne,

Kevin Tan
Auteur van “BPMN Made Easy with Process-bility”

# Voorwoord

Geachte lezer,

Met oprechte trots en genoegen presenteer ik u de Nederlandstalige vertaling van "BPMN Made Easy With Process-bility". Dit boek is meer dan een handleiding - het is een uitnodiging om samen een boeiende ontdekkingsreis te maken. We onthullen de krachtige mogelijkheden van BPMN (Business Process Model and Notation) om bedrijfsprocessen te verhelderen, te stroomlijnen en aanzienlijk efficiënter te maken.

Mijn kennismaking met de auteur, Kevin Tan, vond plaats via LinkedIn. Al jarenlang voerden we boeiende gesprekken, waarbij opviel hoe naadloos onze visies op processen en procesmodellering aansloten. Onbewust paste ik al veel van de technieken toe die Kevin in dit boek gedetailleerd beschrijft.

Het initiatief voor de vertaling ontstond ook uit een levendige chat op LinkedIn. Ik zal Kevins woorden nooit vergeten: "Hi Peter, I trust and have confidence in you. You're now officially the translator and co-author of BPMN made easy with Process-bility". Dit getuigde van diep vertrouwen, gebaseerd op mijn 40-jarige carrière, waarin zakelijke processen de laatste 25 jaar centraal stonden.

In deze 40 jaar heb ik bij gerenommeerde bedrijven als Philips, Digital, Compaq, HP, HPE en nu Royal Boon Edam International gewerkt. Als business analist heb ik ervaren hoe heldere procesmodellen complexe situaties inzichtelijk maken en dienen als krachtig instrument om verhalen te vertellen en draagvlak te creëren.

Ik onderschrijf het principe ten volle: "Modelleer niet om het modelleren, maar om processen inzichtelijk te maken." Mijn drijfveer is altijd geweest om processen te verbeteren en te optimaliseren, niet om ongebruikte modellen te creëren.

Het is voor mij een grote eer en genoegen om dit bijzondere boek te vertalen. Voor zover ik weet, is dit het eerste Nederlandstalige boek over BPMN. Ik hoop van harte dat het u net zo inspireert als het mij heeft geïnspireerd.

Ik wens u veel leesplezier en waardevolle inzichten toe!

Met vriendelijke groet,

**Peter Klein**
**Business Analist**

**Over de vertaling:**

Een bewuste keuze in dit boek is het behoud van de Engelstalige terminologie voor de diverse notaties binnen BPMN. Dit betreft specifiek de 'N' van Business Process Model and Notation. Deze Engelse termen zijn in de praktijk, en met name binnen de BPMN-gemeenschap, dermate ingeburgerd dat een vertaling afbreuk zou doen aan de herkenbaarheid en consistentie. Bovendien sluiten we hiermee aan op de gangbare praktijk in BPMN systemen en in boeken en trainingen over BPMN, waar de originele Engelse benamingen eveneens de voorkeur genieten.

Om de lezer desondanks optimaal te ondersteunen, hanteren we een heldere aanpak: bij de eerste introductie van een specifieke notatie wordt de Nederlandse betekenis tussen haakjes vermeld. Hierdoor wordt de link tussen de Engelse term en de Nederlandse interpretatie direct gelegd. In de algemene uitleg en beschrijvingen, waar de context minder technisch is, maken we wel gebruik van de Nederlandse vertalingen. Dit zorgt voor een evenwicht tussen de noodzakelijke precisie en de leesbaarheid van de tekst.

Deze benadering stelt de lezer in staat om vertrouwd te raken met de internationaal gangbare terminologie, terwijl de Nederlandse uitleg zorgt voor een dieper begrip van de onderliggende concepten. Het doel is om een brug te slaan tussen de praktische toepassing van Process-bility in BPMN en de theoretische basis, zonder dat de lezer verdwaalt in een woud van onbekende termen.

Beste Lezer,

Welkom in de wereld van Process-bility! Hartelijk dank dat u "Eenvoudig BPMN toepassen met Process-bility" in handen hebt. Dit boek is meer dan een handleiding; het introduceert een methodologie om BPMN-diagrammen te vereenvoudigen, daadwerkelijke zakelijke impact te realiseren en een nieuwe visie te bieden op procesmodellering.

Met Process-bility zult u niet alleen BPMN beheersen, maar ook de weg vrijmaken voor scherpere inzichten, verminderde complexiteit en concrete zakelijke resultaten. Ik hoop dat dit boek u inspireert om silo's te doorbreken, de samenwerking te optimaliseren en duurzame waarde te creëren binnen uw organisatie.

Ik ben zeer benieuwd hoe Process-bility uw werk beïnvloedt!
Aarzel niet om contact met mij op te nemen.

Laten we BPMN-modellen eenvoudig maken met Process-bility!

Kevin Tan
Auteur, Eenvoudig BPMN toepassen met Process-bility

# Inleiding

Bij het modelleren van bedrijfsprocessen, kun je al snel de weg kwijtraken door complex uitziende modellen, activiteiten, keuzemomenten en jargon. Over de jaren heb ik vele nieuwe, maar ook ervaren professionals zien worstelen om procesmodellen te maken die goed werkten en binnen een organisatie gemakkelijk te begrijpen zijn. Die worsteling was de inspiratie tot het maken van Process-bility. In deze vertaling is **Process-bility** niet vertaald. Het is de kern van dit boek, want Process-bility is meer dan de letterlijke vertaling 'procesvaardigheid'.

Met de ervaring van twee decennia in de praktijk, ben ik gekomen tot Process-bility. Mijn methodiek om BPMN-modellen eenvoudiger, duidelijker en intuïtiever te maken, zonder aan kracht te verliezen. Het is gebaseerd op drie hoofdprincipes: Door eenvoud en visuele balans het procesverhaal vertellen. Daarmee worden modellen functioneel, maar ook boeiende verhalen die iedereen kan volgen. Van CEO's tot uitvoerende medewerkers.

Gaandeweg leerde ik dat procesmodellering niet alleen gaat over technische correctheid. Het gaat om duidelijkheid, groei en samenwerking. Wanneer een model goed te begrijpen is, stimuleert dat het gesprek, brengt het teams op één lijn en moedigt het voortdurende verbeteren aan.

Dit boek gaat niet alleen over het maken van betere modellen—het gaat over beter communiceren, samenwerken en genieten van het proces. Of je nu een ervaren bedrijfsanalist bent of net aan je carrière begint, ik hoop dat Process-bility je de middelen, inzichten en het vertrouwen biedt om je volledige potentieel te benutten. Ga aan de slag met Process-bility en maak BPMN-modellen duidelijk en eenvoudig!

Kevin Tan
www.Process-bility.com

**Om mensen te inspireren hun groeimindset te herontdekken,**
**aardig voor elkaar te zijn**
**en plezier te hebben**

## INHOUD

Hoofdstuk 1 Introductie

Hoofdstuk 2 De Fundamenten van BPMN

Hoofdstuk 3 BPMN Gateways - de keuzemomenten

Hoofdstuk 4 Visuele Balans met Process-bility

Hoofdstuk 5 Visuele Balans in de Praktijk

Hoofdstuk 6 Eenvoud in Process-bility

Hoofdstuk 7 Eenvoud in de Praktijk

Hoofdstuk 8 Verhalen vertellen met Process-bility

Hoofdstuk 9 Storytelling in de Praktijk

Hoofdstuk 10 De relatie tussen Agile User Stories en BPMN Modellen

Hoofdstuk 11 Uitdagingen bij het modelleren van praktijkgerichte bedrijfsscenario's

Hoofdstuk 12 Het ontwerpen van een Process Architectuur

“

**Als je je proces
niet kan modelleren,
dan begrijp je je proces niet.**

Hoofdstuk 1

# Introductie

- Van Complex naar Duidelijk
- Waarom Dit Boek?
- Het Probleem met BPMN
- Wat Ga Je Leren
- Het belang van Process-bility
- Afsluitende Gedachten

# Van Complex naar Duidelijk

Heb je ooit geprobeerd je weg te vinden in de wereld van Business Process Model and Notation (BPMN), om vervolgens verstrikt te raken in de complexiteit ervan? Een doolhof van notaties, keuzemomenten en lijnen; zelfs voor de meest ervaren vakmensen een bron van verwarring.

BPMN is cruciaal. In een tijdperk waarin digitale transformatie en voortdurende optimalisatie de norm zijn, is het meesterschap over het modelleren en doorzien van bedrijfsprocessen een absolute vereiste.

Met Process-bility wordt BPMN ontdaan van zijn ingewikkeldheid en omgezet in een toegankelijke, visuele vertelling. Procesmodellering is in essentie het vertellen van een verhaal: het verhaal van uw organisatie, uw mensen en hun gezamenlijke reis naar succesvolle bedrijfsresultaten.

# Waarom Dit Boek?

Na meer dan dertig jaar ervaring in het modelleren van bedrijfsprocessen, heb ik alle facetten van het vak gezien: van uitmuntende oplossingen tot inefficiënte en onnodig complexe methoden. Deze uitgebreide ervaring heeft geleid tot de ontwikkeling van 'Process-bility', een methodologie die BPMN terugbrengt tot de essentie. De kern van deze aanpak wordt gevormd door drie fundamentele principes:

## 1 Visuele Balans

Een goed ontworpen BPMN-model kenmerkt zich door visuele balans en helderheid. Dit betekent dat rommelige, kruisende lijnen en overvolle activiteiten vermeden worden, waardoor een logische en gemakkelijk te volgen processtroom ontstaat. Een visueel gebalanceerd model is niet alleen esthetisch aantrekkelijk, maar vooral ook functioneel. Het bevordert een snelle en accurate interpretatie van het proces, wat essentieel is voor effectieve besluitvorming.

## 2 Simplicity

BPMN-modellen kunnen snel complex worden door een overdaad aan details en notaties die weinig toegevoegde waarde bieden. De meest effectieve BPMN-modellen zijn daarentegen eenvoudig, maar niet simplistisch. Ze bevatten precies de benodigde informatie om het proces helder en beknopt weer te geven, zonder de lezer te overladen met onnodige complexiteit.

## 3 Storytelling

Een effectief BPMN-model brengt een duidelijk en boeiend verhaal over dat toegankelijk is voor een breed publiek, van directieleden tot junior analisten. De waarde van een BPMN-model ligt niet in de complexiteit van de gebruikte notaties, maar in de helderheid en overtuigingskracht van de gepresenteerde processtroom. Het doel is om het proces op zo'n manier te beschrijven dat het begrijpelijk en relevant is voor alle betrokkenen.

# Het Probleem met BPMN

BPMN is een onmiskenbaar krachtige notatiestandaard, die zowel gebeurtenissen als activiteiten, bedrijfsregels en beslissingsstromen ondersteunt. Ironisch genoeg brengt deze veelzijdigheid ook risico's met zich mee. Door het overvloedige aanbod van notaties en het ontbreken van uniforme richtlijnen, ontstaat vaak een focus op technische details. De drang om elk detail te documenteren domineert vaak, ten koste van de helderheid van het bedrijfsproces.

Deze technische focus resulteert in onnodig complexe modellen, waarin bedrijfsregels en beslissingsstromen als zelfstandige processen worden weergegeven. Hoewel technisch correct, leiden deze modellen tot verwarring en overbelasting bij belanghebbenden. In plaats van verheldering, creëren ze onduidelijkheid door overbodige details, waardoor de processen voor teams moeilijker te doorgronden zijn.

De poging om elke nuance, beslissing en regel in een BPMN-diagram vast te leggen, leidt vaak tot het verlies van het overzicht. Zonder een gestructureerde aanpak is overcomplicatie onvermijdelijk. Hierdoor raakt het essentiële doel van BPMN – het helder en toegankelijk communiceren van de bedrijfsvoering – ondergesneeuwd door overbodige details.

Process-bility biedt een effectieve oplossing. Door de nadruk te leggen op Visuele Balans, Eenvoud en Verhalen Vertellen, waarborgt deze aanpak dat BPMN-modellen hun primaire functie vervullen: het overbrengen van niet alleen de processtappen, maar ook de bedrijfsmatige relevantie.

# Wat Ga Je Leren

Dit boek biedt u de mogelijkheid om BPMN te benaderen met dezelfde methodologie die ik door jarenlange praktijkervaring heb verfijnd.

U leert:

- Visuele Balans toepassen om heldere en toegankelijke BPMN-modellen te ontwerpen.

- Overtuigend verhalen vertellen met behulp van BPMN, waarbij alleen essentiële notaties worden gebruikt.

- De principes van Storytelling te gebruiken om de hoofdinformatie te destilleren en BPMN-modellen te maken die concrete, bruikbare inzichten genereren.

Daarnaast analyseren we veelvoorkomende valkuilen in BPMN-modellering en geven we praktische oplossingen om ze te voorkomen. Deze principes worden getoond met praktijkvoorbeelden van goede (en minder goede) BPMN-modellen en geven u praktische richtlijnen voor het toepassen van Process-bility in uw dagelijkse werk.

Of u nu een beginner bent of een ervaren professional, dit boek biedt u de tools om uw BPMN-modellering naar een hoger niveau te tillen.

> **Gebruik wat nodig is, verwerp wat niet nodig is en voeg je eigen touch toe.**

BRUCE LEE

# Het belang van Process-bility

Het bedrijfsleven ondergaat een transformatie met ongekende snelheid. Digitale transformatie en continue verbetering zijn niet langer optioneel, maar essentieel voor het voortbestaan. In een tijdperk waarin automatisering, kunstmatige intelligentie en datagedreven besluitvorming de norm worden, is een diepgaand inzicht in bedrijfsprocessen van cruciaal belang.

Process-bility biedt een holistisch perspectief. Het gaat verder dan louter visueel aantrekkelijke diagrammen; het is een methode die samenwerking stimuleert, organisatiebrede silo's doorbreekt en duurzame, impactvolle veranderingen initieert.

Door BPMN te benaderen vanuit het Process-bility-perspectief, ga je ontdekken hoe doordachte procesmodellering nieuwe efficiëntie kan genereren, de interne communicatie kan verbeteren en de groei van uw organisatie kan bevorderen

Fig1.1 De toekomst is nu

# Afsluitende Gedachten

Processen zijn de concrete uitvoering van activiteiten, waarbij kennis wordt ingezet om specifieke bedrijfsdoelen te bereiken. BPMN is als het ware een röntgenfoto van een bedrijfsproces. Net zoals een röntgenfoto medische diagnoses ondersteunt, onthult een goed gestructureerd procesmodel inefficiënties, identificeert het groeikansen en maakt het mogelijk om bedrijfsprestaties te verbeteren.

Begin je reis naar helderheid en duidelijkheid. Process-bility maakt BPMN toegankelijker en overzichtelijker.

> **Een proces manifesteert activiteiten waarbij kennis wordt toegepast om een gewenst bedrijfsresultaat te bereiken.**

# Hoofdstuk 2

# De fundamenten van BPMN

- Wat Is BPMN?
- De Belangrijkste BPMN Elementen
- Wat Gaat Er Mis?
- Klaar Voor Process-bility
- Afsluitende Gedachten

# Wat is BPMN?

Business Process Model and Notation (BPMN) is een internationale standaard, ontworpen om bedrijfsprocessen visueel weer te geven op een wijze die universeel toegankelijk is voor diverse functies binnen een organisatie, van stakeholders tot software-ontwikkelaars. In 2004 geïnitieerd door het Business Process Management Initiative (BPMI) en in 2005 overgenomen door de Object Management Group (OMG), had BPMN als doel een gemeenschappelijke taal te creëren voor procesmodellering, waarmee de communicatie tussen bedrijfs- en IT-afdelingen werd gestroomlijnd. De introductie van BPMN 2.0 versterkte deze positie door uitgebreide functionaliteiten voor activiteiten- en gegevensstroombeheer toe te voegen, waardoor het een nog krachtiger instrument werd voor hedendaagse bedrijfsprocesmanagement.

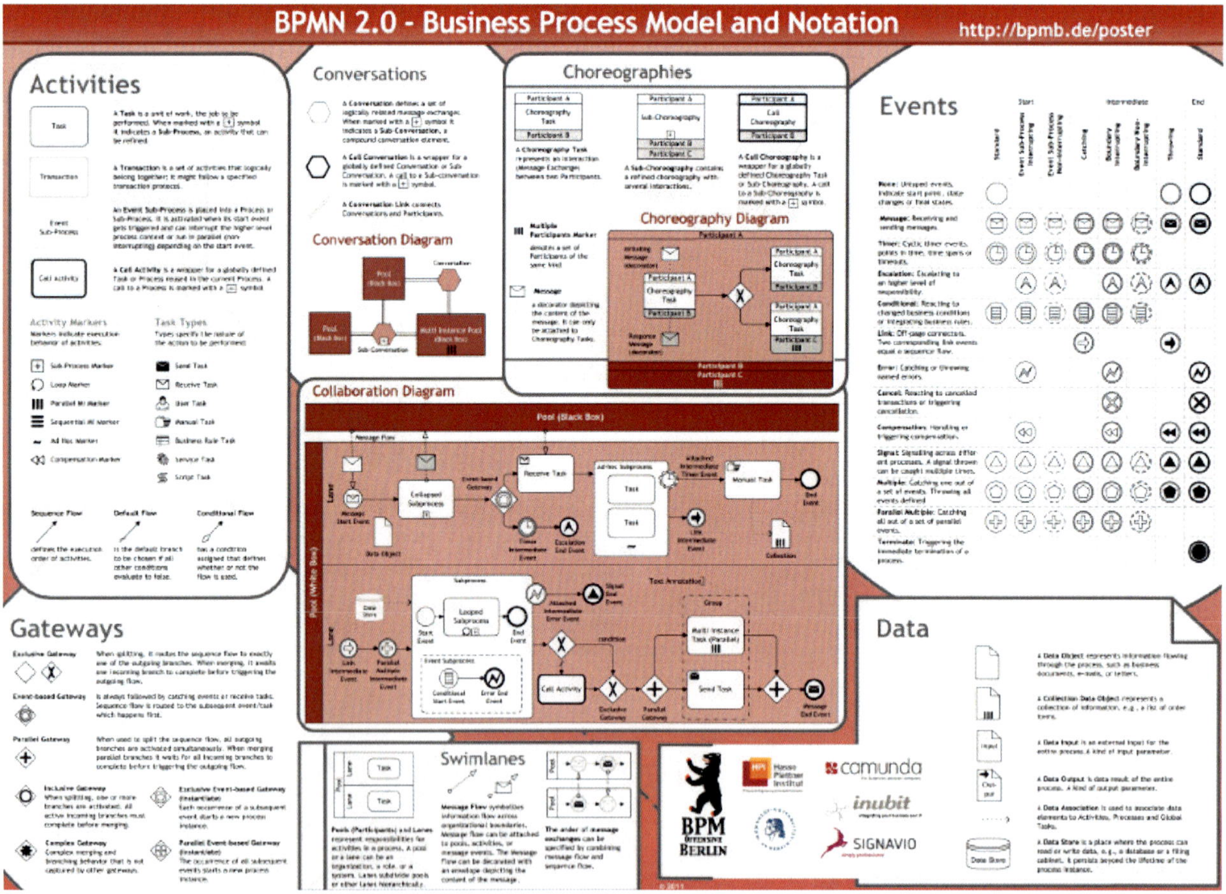


Fig2.1 BPMN 2.0 Notaties

Ondanks de uitgebreide mogelijkheden van BPMN 2.0, is de officiële OMG-documentatie doordrenkt met technische complexiteit, waardoor deze meer lijkt op een programmeerhandleiding dan een gebruikersgids. De details en complexiteit vormen een aanzienlijke drempel voor nieuwkomers. Hierdoor wordt al snel gezocht naar online hulpmiddelen, vaak gebaseerd op oppervlakkige en onnauwkeurige tutorials of samenvattingen. Dit heeft geleid tot een wijdverbreide verspreiding van misinterpretaties en inconsistente toepassingen, met overgecompliceerde en ineffectieve modellen als resultaat. In plaats van de beoogde helderheid te bieden, wordt BPMN* vaak verkeerd begrepen en misbruikt, waarbij de oorspronkelijke eenvoud verloren gaat.

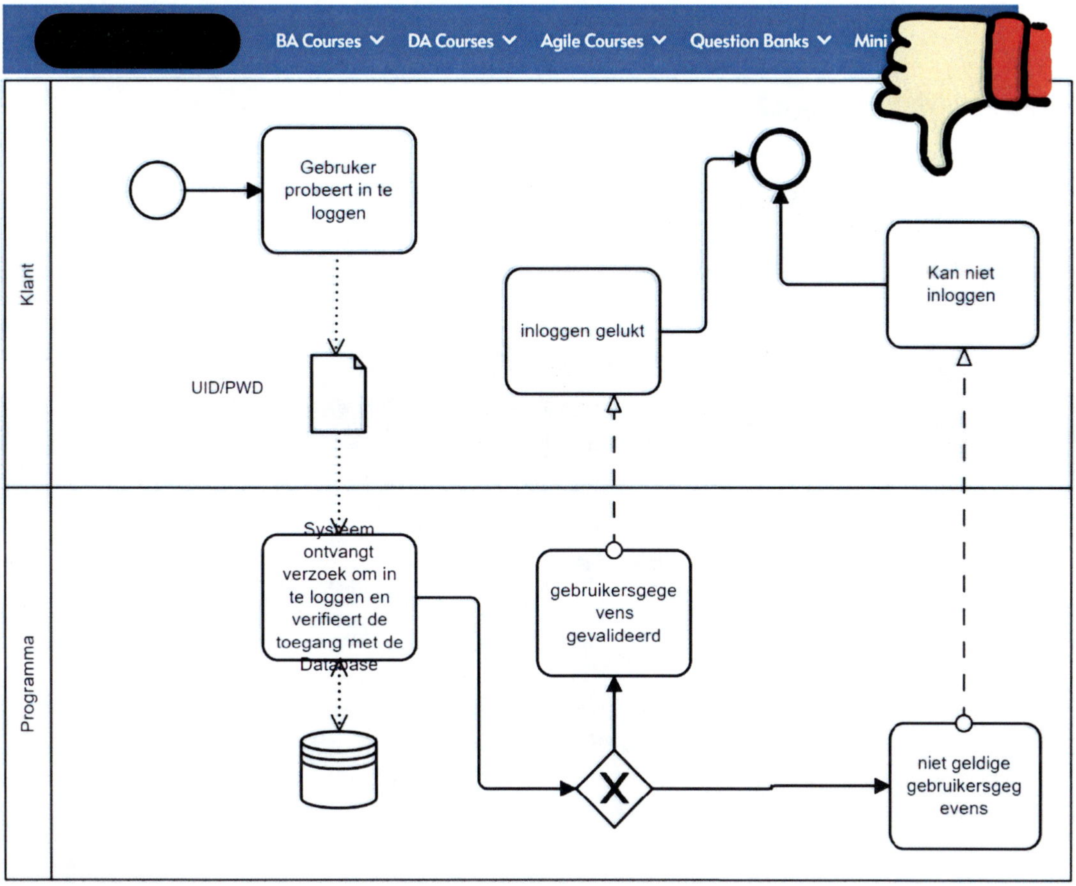


Fig2.2 Een minder goed voorbeeld uit een online Bron, van een BPMN Diagram

BPMN*: In de BPMN 2.0 standaard wordt er specifiek ingegaan op Collaboratie Diagrammen. Het BPMN 2.0 raamwerk bevat drie typen diagrammen, te weten Collaboratie Diagrammen, Choreografie Diagrammen en Gespreks Diagrammen. In dit boek beperken we ons tot Collaboratie Diagrammen.

# De Belangrijkste BPMN Elementen

De basis van BPMN wordt gevormd door de volgende vijf elementen:

- **Activity** (Activiteit), **Event** (Gebeurtenis), **Gateway** (Keuzemoment), **Swimlane** (Zwembaan), **Connecting Flow** (Verbindingsstroom)

Omdat deze benamingen gangbaar zijn in softwareoplossingen, hanteren we ze ook in dit boek om consistentie te behouden.

Deze elementen zijn de bouwstenen voor procesmodellen en elk element speelt een onmisbare rol in het representeren van diverse facetten van een bedrijfsproces. De overige notaties zijn in feite afgeleiden van deze hoofdelementen. Ze voegen extra informatie toe, maar zijn ook gebaseerd op dezelfde basisprincipes. Door de focus op deze vijf hoofdelementen wordt het mogelijk om BPMN te gebruiken zonder te verdwalen in de complexiteit van de vele notaties.

Fig2.3 BPMN Kernelementen

## Event

Er zijn meer dan 10 **Event** (gebeurtenis) symbolen gedefinieerd. Een event duidt op een voorval dat zich binnen een proces afspeelt. Dat event kan een activiteit initiëren, het einde ervan signaleren of als een controlepunt fungeren gedurende het procesverloop. Events zijn van cruciaal belang voor het inzichtelijk maken van de procesdynamiek en de reactie op diverse triggers of veranderingen. Veelgebruikte events zijn het **Start Event**, het **Message** (bericht) **Start Event,** het **End** (einde) **Event** en de **Intermediate Timer** (tussenliggende timer) **Event**.

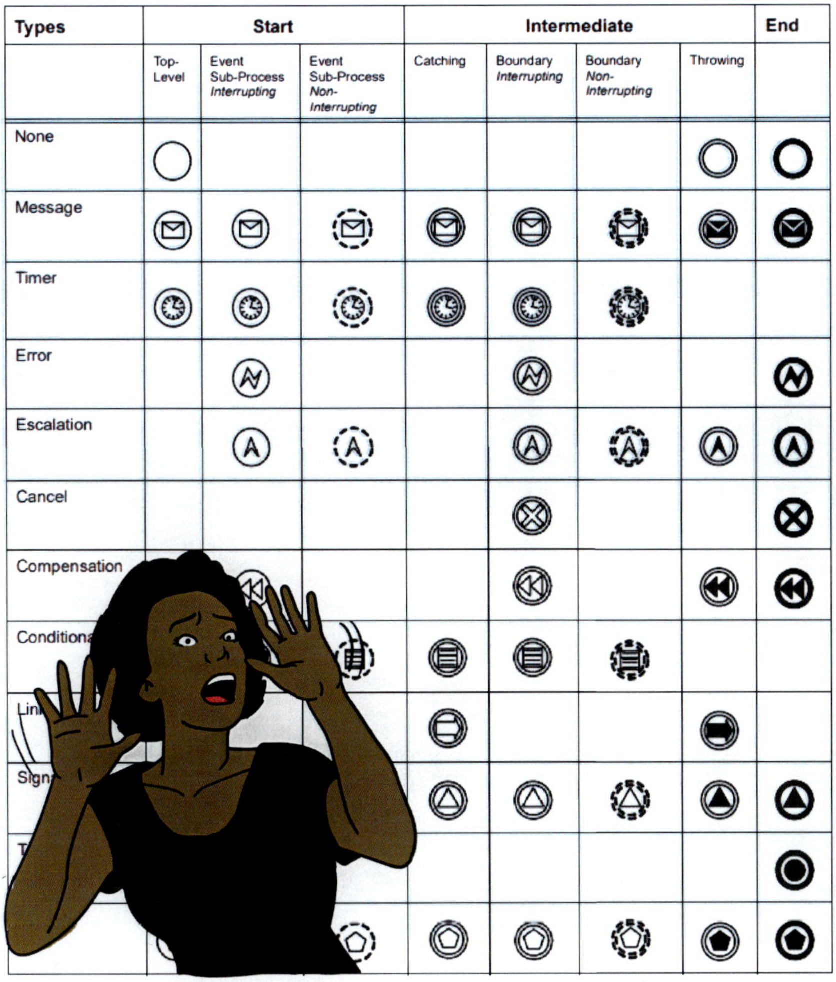


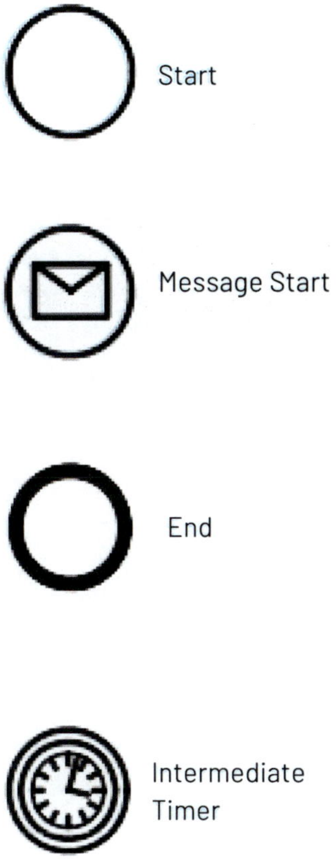


Fig2.4 BPMN Notatie - Events - Je hebt er minder dan 10 nodig om goede BPMN modellen te kunnen maken

### Activity

Een **Activity** (Activiteit) duidt op taken of werkzaamheden die binnen een proces worden verricht. Dit kunnen zowel handmatige handelingen zijn zoals het vernietigen van papieren documenten als geautomatiseerde activiteiten als een kredietwaardigheidcontrole. In BPMN worden activiteiten verder onderverdeeld in **Tasks** (Taken), **Sub-processes** (Subprocessen) en **Call Activities** (Aangeroepen Activiteiten). De essentie van deze onderverdeling is hetzelfde. Het zijn handelingen die de voortgang van het proces bewerkstelligen.

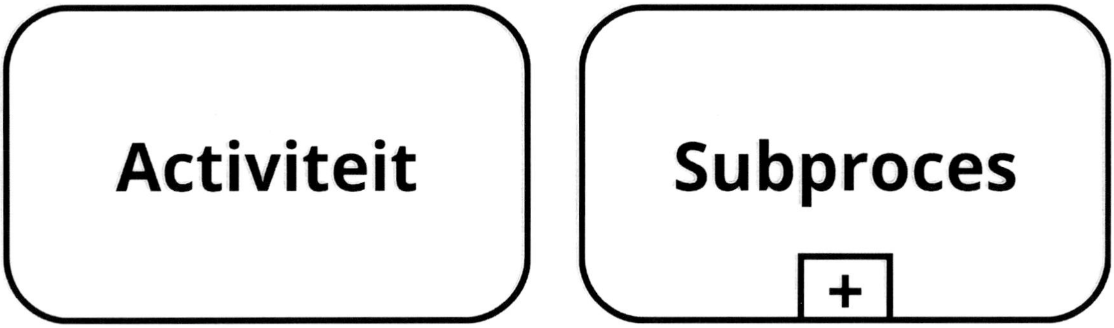


Fig2.5 BPMN Notatie - Activiteit en Subproces

### Gateway

**Gateways** (Keuzemomenten) reguleren de processtroom en dienen als beslissingsmomenten waar activiteiten kunnen splitsen naar verschillende trajecten of samenkomen naar een enkel pad. Met Gateways kunnen processen opgesplitst worden in de verschillende scenario's. Maar gateways worden vaak niet goed toegepast en overmatig ingezet voor iedere denkbaar scenario. De Exclusieve Gateway en de Parallelle Gateway zijn de meest gangbare typen. De Inclusieve Gateway en de Event-gebaseerde Gateway worden minder vaak ingezet in procesmodellen.

Fig2.6 BPMN Notatie - Gateways - De meest gebruikte 4 Gateways zijn voldoende voor de meeste processen.

## Swimlane

**Swimlanes** (Zwembanen) duiden op de uitvoerende rollen, teams of systemen in een proces. Ze geven visueel structuur aan het proces door taken en de bijbehorende specifieke verantwoordelijkheden aan de betreffende baan (rol, team, systeem) toe te wijzen. Hiermee wordt het duidelijk wie of wat verantwoordelijk is voor de activiteit.

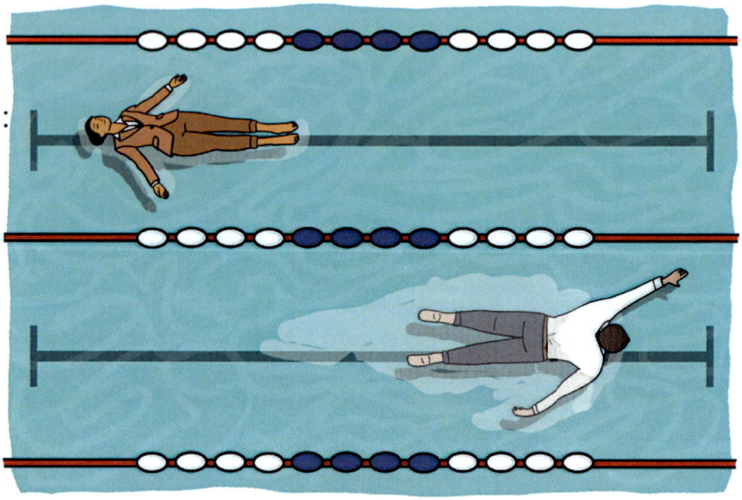

Swimlanes komen voor in 2 soorten **Pools** (Baden):

- Pool
- Externe Pool

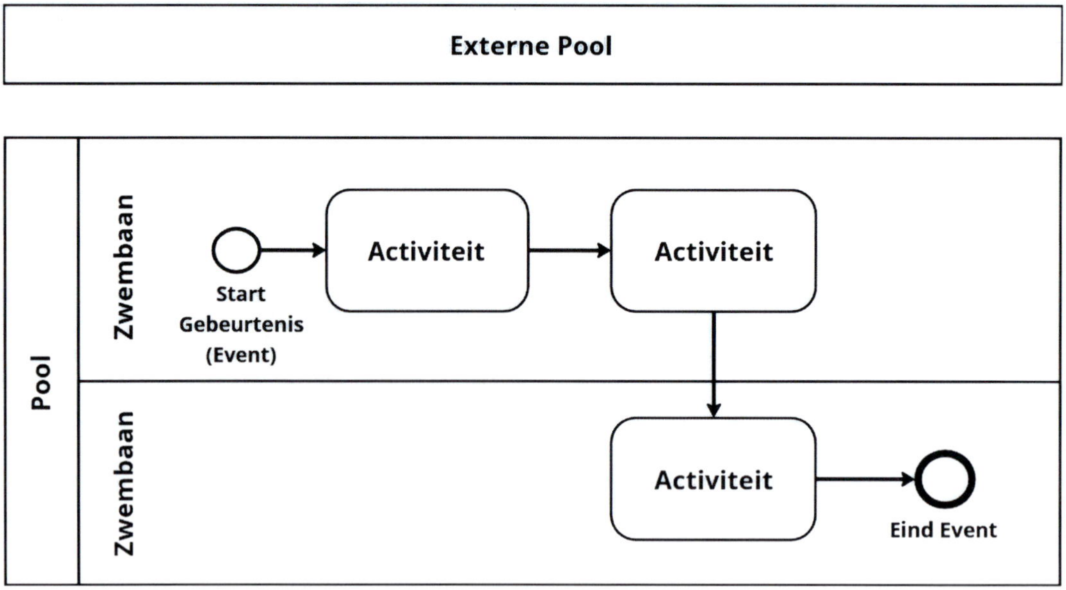


Fig2.7 BPMN Notatie - Swimlane, Pool en Externe Pool

## Connecting Flow

**Connecting Flows** (Verbindingsstromen) vormen de verbindingen tussen Activities, Gateways , Events en Artifacts. De verbindende pijlen volgen het proces van de ene taak naar de volgende, waardoor een heldere en overzichtelijke processtroom gewaarborgd wordt.

De verschillende typen pijlen zijn:

- **Sequence Flow** (Volgordelijke stroom): Verbindt Activities en laat de volgorde van uitvoering van een proces zien.
- **Message Flow** (Berichtenstroom): Laat de communicatie tussen twee afzonderlijke Pools zien.
- **Association Flow** (Associatiestroom): Associeert een object, zoals een document of systeem, met een Activity.

| Kind: | Depiction: | Specific Depiction Resolution: | |
|---|---|---|---|
| | | bpmnElement: | BPMNShape Attributes: |
| Sequence Flow | ———Label———▸ | SequenceFlow where default is false and conditionExpression is unspecified. | None |
| Conditional Sequence Flow | ◇———Label———▸ | SequenceFlow where default is false and conditionExpression is specified (exception when source is a Gateway). | None |
| Default Sequence Flow | ⟋———Label———▸ | SequenceFlow where default is true and conditionExpression is unspecified. | None |
| Message Flow | o— — —Label— — —▷ | MessageFlow | messageVisibleKind is unspecified. |
| Initiating Message Flow with Decorator | o— -Label ✉ - -▷ | MessageFlow | messa[illegible] initi[illegible] |
| Non-Initiating Message Flow with Decorator | o— -Label ✉ - -▷ | MessageFlow | mess[illegible]ibleKin[illegible] non-ini[illegible] |
| Association | ············Label············ | Association where associationDirection is none. | [illegible] |
| Directional Association | ············Label···········> | Association where associationDirection is one. | [illegible] |

Fig2.8 BPMN Notatie - Connecting Flow - Om goede BPMN modellen te maken zijn er maar 3 nodig.

# Wat Gaat Er Mis?

Hoewel BPMN uit gestandaardiseerde notaties bestaat, worden deze vaak niet goed toegepast of onnodig complex gemaakt. BPMN gebruiken als een technische vaardigheid, in plaats van een instrument voor verhalende communicatie, leidt tot verwarring.

De grootste misvattingen zijn:

- **Overmatige Complexiteit van Modellen.**
  - De neiging om elk detail van een proces in een BPMN-model te verwerken is begrijpelijk, maar leidt vaak tot onduidelijkheid.
  - Het vastleggen van elke beslissing, uitzondering en mogelijke scenario's resulteert in modellen die je belanghebbenden in verwarring brengen.
- **Onjuist Gebruik van Gateways.**
  - Een fundamenteel probleem in BPMN-modellering is het onjuist gebruik van Gateways. Het onjuist toepassen van Gateways veroorzaakt verwarring en leidt tot misinterpretatie van de scenario's en processtromen.
  - Fouten in het samenvoegen of vertakken van Gateways komen ook vaak voor en belemmeren de helderheid van het model. Omdat BPMN zo flexibel is, kan het al snel leiden tot een onder- of overdaad aan Gateways. Dat verhoogt de complexiteit van het diagram.
  - Inzicht krijgen in wanneer en waarom een Gateway moet worden gebruikt, is belangrijker dan hoe je een Gateway gebruikt. En daarmee de juiste scenario's in kaart weet te brengen.

### De nadruk op notatie, niet op communicatie

Veel te vaak richten BPMN-modelleerders zich op het correct toepassen van de notatie, zonder te overwegen of het model het proces daadwerkelijk helder communiceert. BPMN is een visuele taal bedoeld voor communicatie, niet een technisch schema dat alleen door een selecte groep begrepen wordt. De essentie is dat iedereen die het proces moet begrijpen, dat ook daadwerkelijk kan.

### Onvoldoende begrip van Volgorde- en Communicatiestroom

Deze twee notaties dienen verschillende doelen, en verwarring tussen deze twee kan de nauwkeurigheid en helderheid van het model aanzienlijk beïnvloeden. Een duidelijke scheiding tussen de volgorde van activiteiten (volgordestroom) en de uitwisseling van informatie (berichtenstroom) is cruciaal voor een correcte weergave van het proces.

### Misbruik of ontbreken van Subprocessen

Een andere veelgemaakte fout is het niet effectief gebruiken van subprocessen om het model te vereenvoudigen en te structureren. Het logisch groeperen van gerelateerde activiteiten in subprocessen maakt het diagram niet alleen overzichtelijker, maar helpt ook om verschillende doelgroepen te bedienen: zij die de voorkeur geven aan overzicht op hoofdlijnen, zij die geïnteresseerd zijn in gedetailleerde stappen, en zelfs zij die zich richten op technische specificaties.

Zonder het juiste gebruik van subprocessen worden modellen overweldigend en moeilijk te navigeren, wat hun effectiviteit beperkt.

Fig2.9 De verwarde kitten

# Klaar Voor Process-bility

Het is duidelijk dat alleen de tekens en symbolen kennen niet genoeg is. Een model kan wel aan alle BPMN-regels voldoen, maar toch niet goed overbrengen wat er bedoeld wordt. In plaats van alleen te focussen op de technische kant van BPMN, maakt "Process-bility" van BPMN een communicatiemiddel dat de kloof overbrugt tussen ingewikkelde processen en een helder begrip ervan.

De kern van "Process-bility" is gebaseerd op drie leidende principes:

### Visuele Balans

Visuele Balans zorgt ervoor dat het model prettig is om naar te kijken en makkelijk te begrijpen is. Het goed uitlijnen van elementen, consistente afstanden en een heldere organisatie helpen de lezer het proces in één oogopslag te begrijpen. Het gaat niet alleen om hoe het eruitziet, maar erom dat het procesmodel aantrekkelijk en makkelijk te verwerken is.

### Eenvoud

Eenvoud betekent niet dat belangrijke details worden weggelaten. Het betekent dat er precies genoeg informatie wordt getoond om het verhaal te vertellen, zonder de lezer te overweldigen. In "Process-bility" richten we ons op het principe "Minder is meer". We vermijden onnodige symbolen en voegen alleen elementen toe die helpen om het verhaal te vertellen. Deze principes zijn bedoeld om ervoor te zorgen dat uw BPMN-modellen niet alleen technisch correct zijn, maar ook gemakkelijk te begrijpen en impactvol voor alle betrokkenen.

### Storytelling

Elk procesmodel vertelt een verhaal - met een begin, middenstuk en einde. Het doel van BPMN is ervoor te zorgen dat dit verhaal duidelijk wordt verteld, zodat iedereen het kan begrijpen. In Process-bility richten we ons erop dat de processtroom gemakkelijk te volgen is en dat elke taak, gebeurtenis en beslissing past binnen een samenhangend verhaal.

“

**Eenvoud is de ultieme verfijning.**

Leonardo da Vinci

# Afsluitende Gedachten

Het begrijpen van de basisprincipes van BPMN is essentieel, maar het is slechts het begin. Zodra je de basiselementen van BPMN begrijpt—Activities, Events, Gateways, Swimlanes en Connecting Flows—ben je klaar voor de volgende stap: het omzetten van je modellen in heldere, aantrekkelijke en visueel evenwichtige verhalen.

Process-bility is hier om je te begeleiden bij die transformatie. In de volgende hoofdstukken duiken we dieper in elk van deze elementen, onderzoeken we veelvoorkomende valkuilen en laten we zien hoe je de principes van Process-bility kunt toepassen om BPMN-modellen te maken die zowel gemakkelijk te maken als gemakkelijk te begrijpen zijn.

Met Process-bility maak je niet alleen betere modellen, maar help je ook je team en belanghebbenden het proces effectiever te begrijpen

> **Het modelleren van bedrijfsprocessen verenigt kunst en wetenschap.**

Hoofdstuk 3

# BPMN Gateways - de keuzemomenten

Klaar voor de Gateways?

- Exclusive Branching Gateway
  (Exclusieve Vertakkingsgateway)
- Exclusive Merging Gateway
  (Exclusieve Samenvoegingsgateway)
- Parallel Branching Gateway
  (Parallelle Vertakkingsgateway)
- Parallel Merging Gateway
  (Parallelle Samenvoegingsgateway)
- Inclusive Branching Gateway
  (Inclusieve Vertakkingsgateway)
- Inclusive Merging Gateway
  (Inclusieve Samenvoegingsgateway)
- Event Based Gateway
  (Gebeurtenisgebaseerde Gateway)
- Afsluitende Gedachten

# Klaar Voor De Gateways?

**Gateways** (keuzemomenten) zijn een van de meest verkeerd begrepen elementen in BPMN. Hoewel ze essentieel zijn voor zowel het controleren van de processtroom als het samenvoegen van meerdere stromen in een proces, wordt hun doel vaak verward, wat leidt tot te complexe of onnauwkeurige modellen. In Process-bility streven we ernaar het gebruik van gateways te vereenvoudigen, zodat ze hun dubbele doel effectief dienen: het routeren van de processtroom op basis van elders genomen beslissingen of het samenvoegen van inkomende stromen, afhankelijk van het gateway-type.

In dit hoofdstuk gaan we de vier belangrijkste soorten gateways verkennen:

**Exclusieve Gateway,**
**Parallelle Gateway,**
**Inclusieve Gateway en**
**Event-gebaseerde Gateway**

Door middel van duidelijke uitleg en analogieën, zullen we je helpen te begrijpen hoe je elk ervan **effectief kunt gebruiken**.

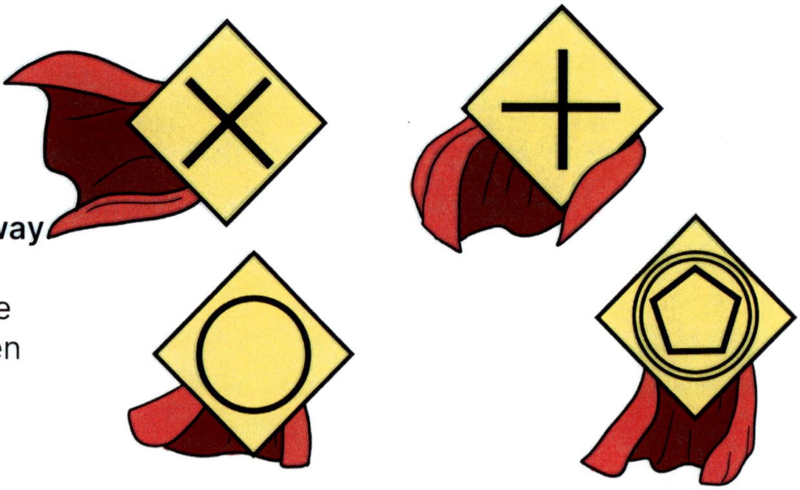

Fig3.1 De belangrijkste Gateways

# Exclusive Branching Gateway

De **Exclusive Branching Gateway** (Exclusieve Vertakkingsgateway), ook bekend als de XOR-gateway, is de meest gebruikte gateway in BPMN-modellen. Zijn rol is om de processtroom te leiden naar een van de verschillende mogelijke paden, gebaseerd op een beslissing die al **genomen is**. Ondanks zijn eenvoud, wordt de Exclusieve Gateway vaak verkeerd gebruikt of begrepen.

**Wat het Doet:**

De XOR-gateway leidt de stroom op basis van beslissingen die in eerdere taken of activiteiten zijn genomen.
Het kiest slechts één pad om het proces voort te zetten. In het voorbeeld zal de exclusieve Vertakkingsgateway - "Kandidaat heeft Minimale vereisten?" leiden naar Activiteit C als aan de minimale vereisten is voldaan, en zal leiden naar Activiteit D als niet aan de minimale vereisten is voldaan, gebaseerd op de beslissing die in Activiteit A of Activiteit B is genomen.

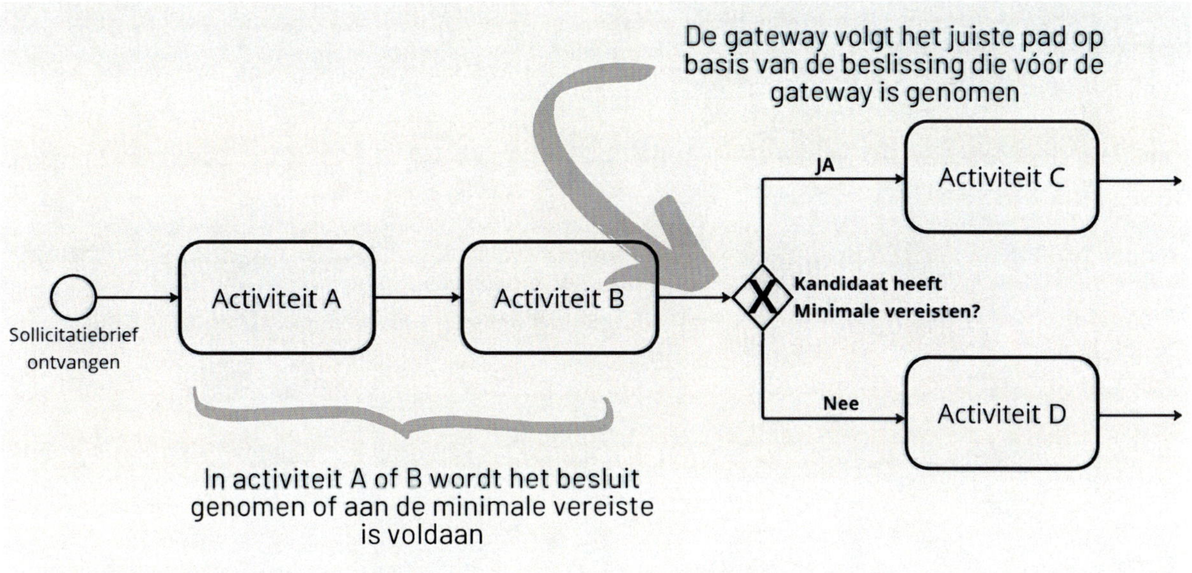


Fig3.2 BPMN Exclusive Branching Gateway voorbeeld

**Wat Het Niet Doet:**

De Exclusive Branching Gateway neemt geen beslissingen!. Dit is een wijdverbreid misverstand. De beslissing wordt altijd genomen in de taak of activiteit vóór de gateway. Vanaf de gateway vervolgt het proces simpelweg de beslissing die in een taak daarvóór is genomen.

**De Analogie van de Toiletborden**

Zie de Exclusive Branching Gateway als de borden buiten openbare toiletten: één voor mannen, één voor vrouwen, en eventueel andere. De beslissing om het mannen- of vrouwentoilet binnen te gaan wordt niet door de borden zelf genomen; die beslissing is al genomen voordat je bij de toiletten kwam. De borden leiden je simpelweg naar het juiste toilet op basis van een beslissing die lang voordat je op dat punt aankwam, is genomen.

Dit is precies hoe de Exclusive Gateway werkt. De beslissing is al genomen in de taak of activiteit vóór de gateway, en de gateway is er simpelweg om de processtroom naar het juiste pad te leiden—net zoals toiletborden je naar de juiste deur leiden op basis van wat je al hebt besloten.

Fig3.3 Exclusive Gateway Analogie

# Exclusive Merging Gateway

De **Exclusive Merging Gateway** (Exclusieve Samenvoegingsgateway) leidt twee of meer inkomende processtromen naar één uitgaande stroom. Het is vaak een spiegel van een eerdere beslissing die is genomen bij een Exclusive Branching Gateway (XOR-gateway), waarbij één van de verschillende mogelijke paden is gekozen op basis van genomen beslissingen.

**Wanneer gebruik je een Exclusive Merging Gateway:**

- **Samenkomende Paden:** Wanneer er meerdere mogelijke vertakkingen in een proces zijn (bijvoorbeeld paden die voortkomen uit een Exclusive Merging Gateway) en je wilt ze weer samenbrengen in één processtroom.

- **Vereenvoudiging van processtromen:** Als je verschillende taken of processen hebt die naar dezelfde vervolgstap leiden, **kan** de Exclusive Merging Gateway worden gebruikt om ervoor te zorgen dat het proces via één pad wordt voortgezet, ongeacht welk van de meerdere paden eerder is genomen.

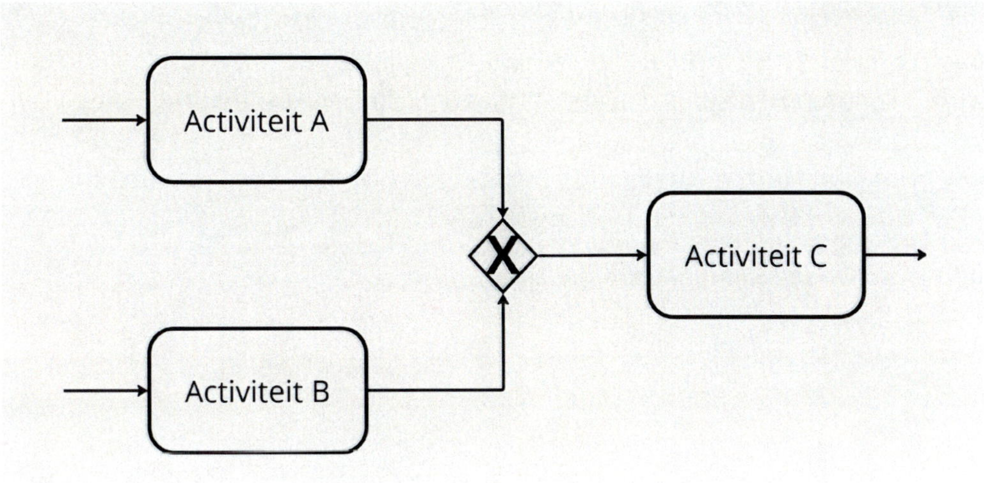


Fig3.4 BPMN Exclusive Merging Gateway voorbeeld

### De Exclusive Merging Gateway wordt niet aanbevolen in Process-bility

In de vorige alinea was het woord kan dikgedrukt. de reden is, dat het niet wordt aanbevolen om de Exclusive Merging Gateway te gebruiken. Deze maakt een procesmodel onnodig complex zonder extra duidelijkheid te bieden.

**De belangrijkste redenen waarom het wordt afgeraden:**

- **Overbodige Notatie:** De Exclusive Merging Gateway wordt vaak gebruikt wanneer er meerdere inkomende processtromen zijn, met de bedoeling om ze weer samen te voegen tot één pad. Dit is echter iets dat van nature kan gebeuren zonder dat een expliciete samenvoegingsgateway nodig is. In BPMN-modellen kunnen meerdere inkomende stromen samenkomen in een activiteit, zonder dat een samenvoegingsgateway nodig is. Hiermee is deze gateway in de meeste gevallen overbodig.

- **Visuele Warboel:** Het toevoegen van gateways waar ze niet nodig zijn, draagt bij aan visuele warboel. Aangezien Process-bility de nadruk legt op Eenvoud en Visuele Balans, doet het opnemen van onnodige gateways afbreuk aan de helderheid van het model en maakt het het voor belanghebbenden lastiger om het proces in één oogopslag te begrijpen.

- **Misleidende Weergave:** Het gebruik van een Exclusive Merging Gateway kan suggereren dat er op dat punt een beslissing wordt genomen, wat niet het geval is. De beslissing had al eerder in het proces moeten zijn genomen (vóór de Exclusive Branching Gateway). De Exclusive Merging Gateway voegt de paden bij elkaar. Dit kan verwarrend zijn voor de lezer en doen denken dat er een extra beslissing plaatsvindt bij het samenvoegen.

- **Het Bevorderen van Eenvoud:** Process-bility pleit voor de "minder is meer"-aanpak. In plaats van het model te overladen met gateways voor elk samenvoegingspunt, vereenvoudigt het simpelweg verbinden van de stromen zonder een expliciete samenvoegingsgateway het model en behoudt het de helderheid van het procesmodel.

Door het vermijden van Exclusive Merging Gateways, moedigt Process-bility gestroomlijnde, gemakkelijk te begrijpen modellen aan die de communicatie verbeteren in plaats van deze te compliceren.

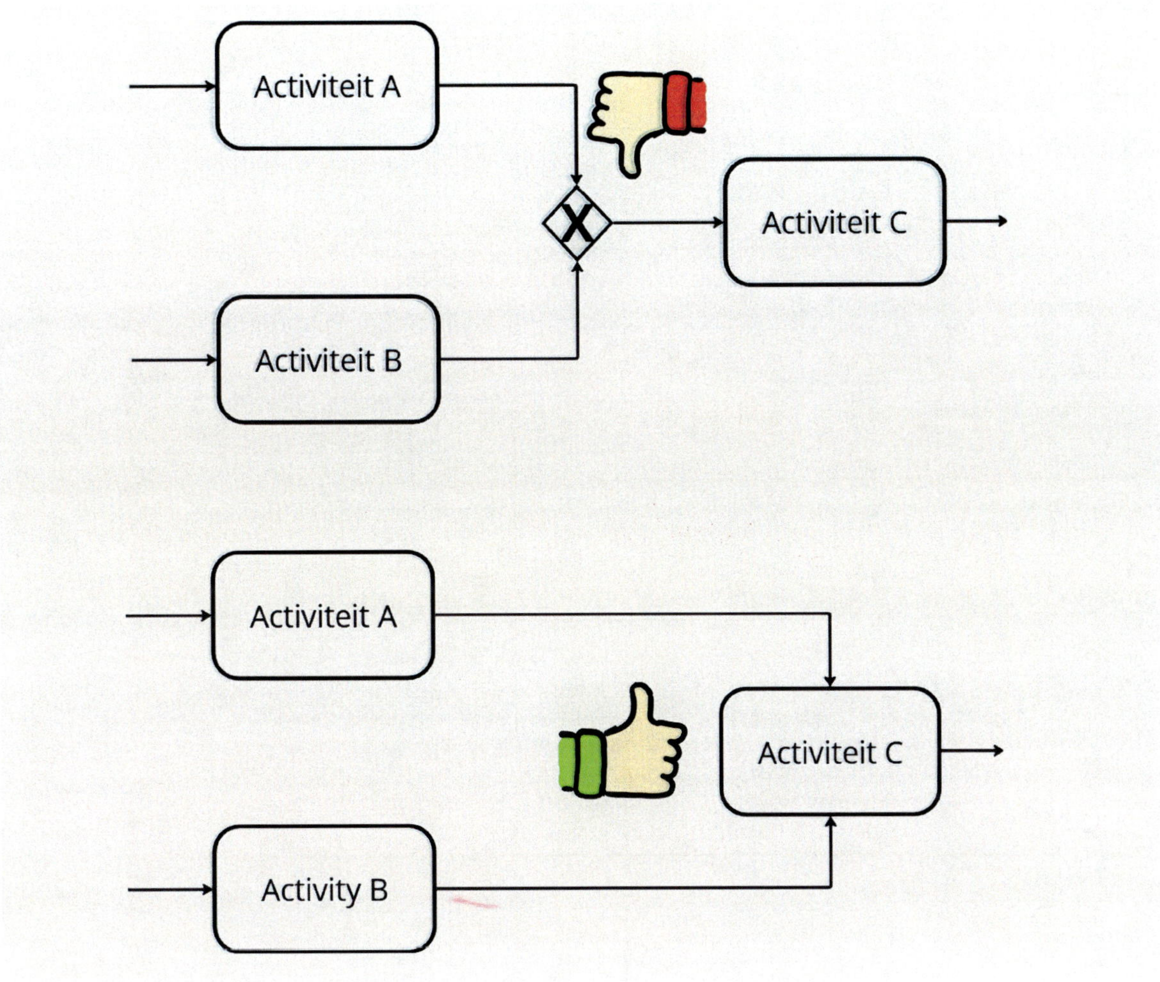


Fig3.5 BPMN Exclusive Merging Gateway - wordt afgeraden in Process-bility.

# Parallel Branching Gateway

De **Parallel Branching Gateway** (Parallelle Vertakkingsgateway) wordt gebruikt om activiteiten te beheren die gelijktijdig kunnen plaatsvinden. Het evalueert geen voorwaarden of neemt geen beslissingen, maar activeert simpelweg meerdere stromen in een proces.

Wanneer de processtroom een Parallel Branching Gateway bereikt, worden alle uitgaande stromen tegelijkertijd geactiveerd. Dit betekent dat verschillende taken gelijktijdig kunnen beginnen, waardoor verschillende delen van het proces parallel kunnen verlopen.

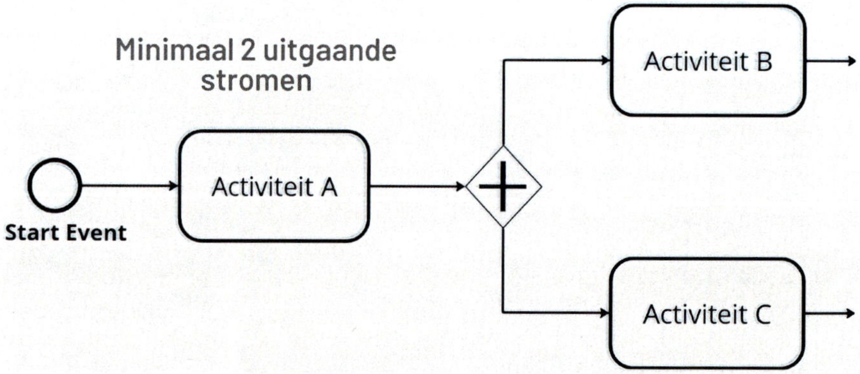


Fig3.6 BPMN Parallel Branching Gateway - Voorbeeld met twee paden

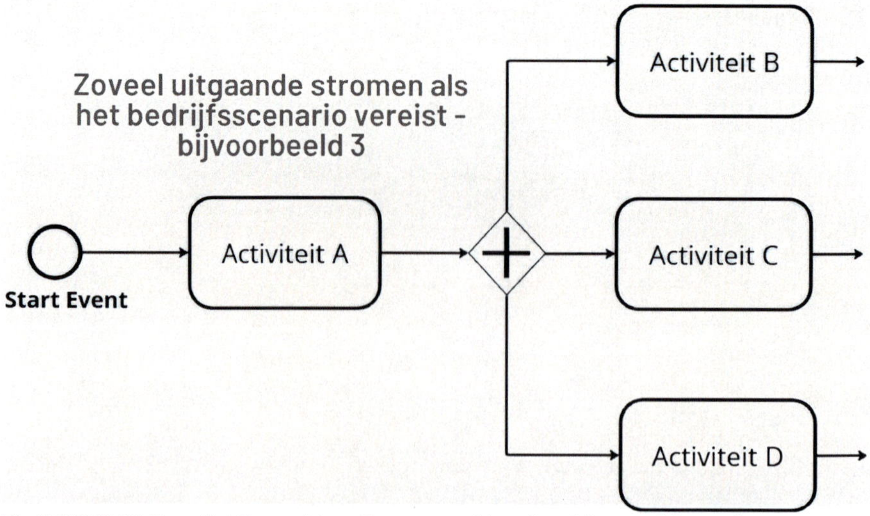


Fig3.7 BPMN Parallel Branching Gateway - Voorbeeld met drie paden

### De Parallel Branching Gateway en de Mythe van het Gelijktijdig Uitvoeren

De Parallel Branching Gateway wordt vaak verkeerd begrepen als zou het alle activiteiten dwingen om gelijktijdig te worden uitgevoerd. Dit is een misvatting. In werkelijkheid splitst de Parallel Branching Gateway de stroom in meerdere vertakkingen die parallel kunnen lopen, maar ze hoeven niet op hetzelfde moment plaats te vinden. De gateway staat simpelweg toe dat meerdere taken tegelijkertijd actief zijn, zonder strikte regels voor gelijktijdigheid op te leggen.

Stel je bijvoorbeeld een wervingsproces voor waarbij, nadat een kandidaat is geselecteerd, twee activiteiten parallel worden gestart: het uitvoeren van achtergrondonderzoek en het inplannen van een sollicitatiegesprek. Hoewel beide activiteiten gelijktijdig worden geactiveerd, hoeven ze niet exact op hetzelfde moment plaats te vinden. Het achtergrondonderzoek kan dagen duren, terwijl het sollicitatiegesprek voor de volgende week kan worden ingepland. De Parallel Branching Gateway maakt het mogelijk dat deze activiteiten onafhankelijk van elkaar verlopen, maar vereist niet dat ze gelijktijdig plaatsvinden. Het zorgt er alleen voor dat beide taken voltooid **moeten** zijn voordat het proces kan doorgaan naar de volgende fase, zoals het doen van een aanbod.

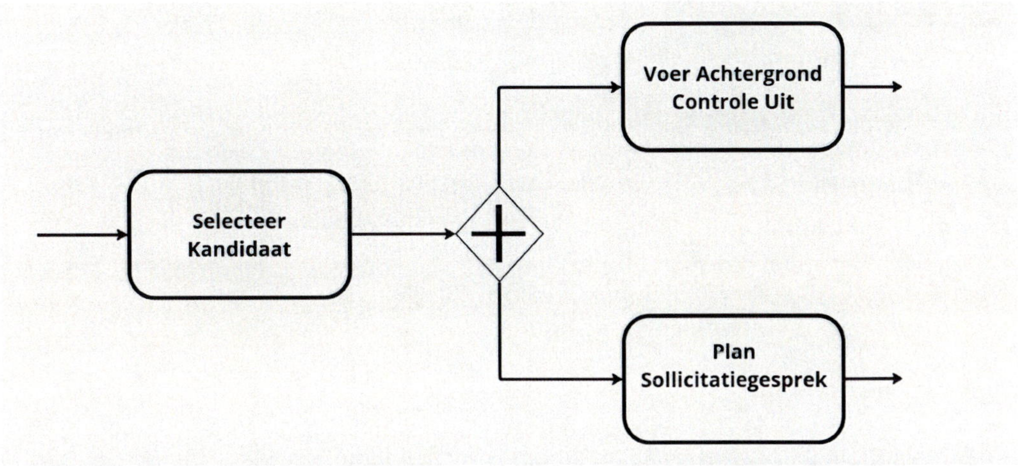


Fig3.8 BPMN Parallel Branching Gateway - Voorbeeld met twee parallelle activiteiten

# Parallel Merging Gateway

Wanneer de **Parallel Merging Gateway** (Parallelle Samenvoegingsgateway) wordt gebruikt om processtromen samen te voegen, zorgt deze ervoor dat alle inkomende paden voltooid zijn voordat de volgende activiteit wordt gestart. Dit garandeert dat alle parallelle activiteiten zijn afgerond voordat het proces verdergaat, waardoor alles op elkaar is afgestemd en gecoördineerd blijft.

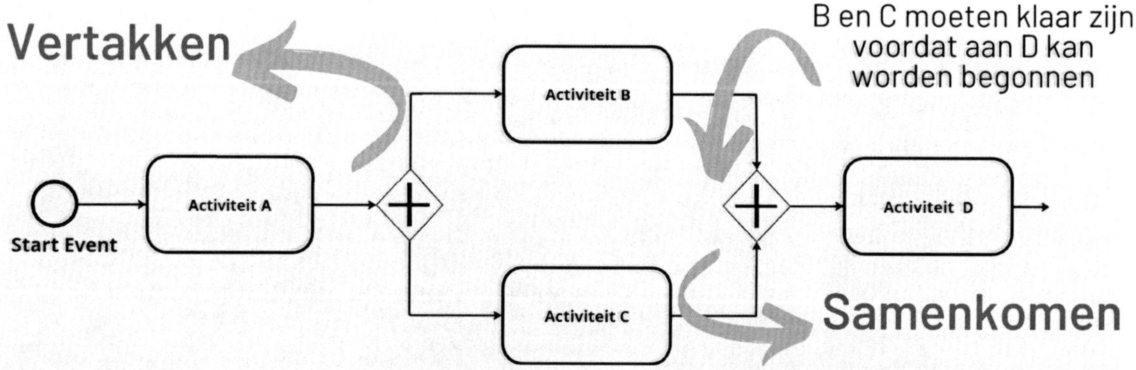


Fig3.9 BPMN Parallel Branching Gateway en Merging Gateway - Voorbeeld met twee parallelle activiteiten

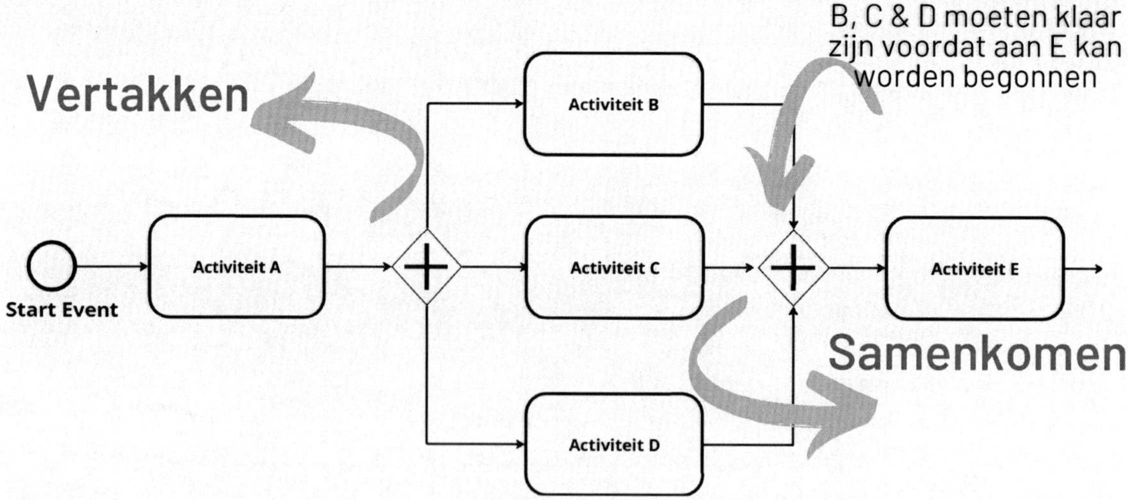


Fig3.10 BPMN Parallel Branching Gateway en Merging Gateway - Voorbeeld met drie parallelle activiteiten

In een sollicitatieproces kan het concept van een Parallelle Gateway worden gebruikt om activiteiten weer te geven die gelijktijdig plaatsvinden. In het echte leven is er echter geen daadwerkelijke 'parallelle gateway' die ervoor zorgt dat alles tegelijkertijd of synchroon gebeurt.
Neem bijvoorbeeld een sollicitatieproces waarin, nadat een sollicitant zijn cv heeft ingediend, twee parallelle activiteiten plaatsvinden:

1. **HR beoordeelt het CV.**
2. **De hiring manager plant een sollicitatiegesprek in.**

Beide activiteiten kunnen parallel plaatsvinden, wat betekent dat het HR-team en de hiring manager niet hoeven te wachten tot de ene activiteit is voltooid voordat ze aan de andere beginnen. Ze hoeven echter niet exact op hetzelfde moment plaats te vinden—HR kan langer nodig hebben om het CV te beoordelen, terwijl de hiring manager het sollicitatiegesprek onmiddellijk kan inplannen.

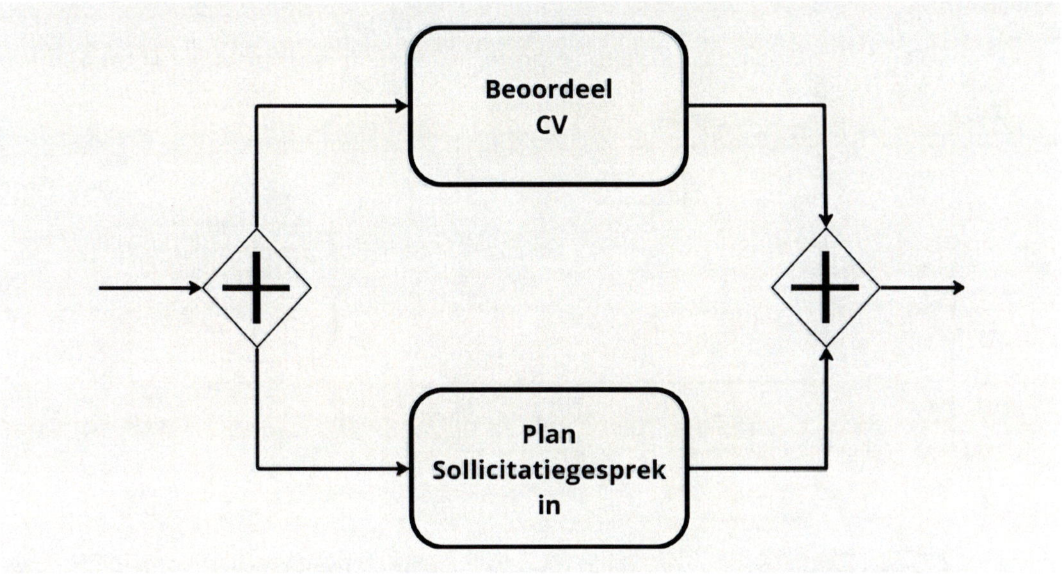


Fig3.11 BPMN Parallel Branching Gateway en Merging Gateway - Voorbeeld met twee parallelle activiteiten wat illustreert dat de activiteiten niet op hetzelfde moment hoeven plaats te vinden.

**Het Samenvoegen van de Parallelle Stromen:**

Zodra beide activiteiten (CV Beoordelen en Sollicitatiegesprek Inplannen) zijn voltooid, gaat het proces naar de volgende stap, waarin beslist kan worden of er een aanbod wordt gedaan. Dit wordt weergegeven door een Parallelle Gateway, die ervoor zorgt dat beide activiteiten zijn voltooid voordat er verder wordt gegaan.

De Parallelle Gateway geeft visueel dit wachten of afstemmen van activiteiten weer, maar in de praktijk zijn het de mensen of systemen die ervoor zorgen dat alle activiteiten zijn voltooid voordat er wordt doorgegaan.

- **Menselijke Controle:** Een recruiter of HR-coördinator kan handmatig controleren of zowel de CV-beoordeling als de sollicitatiegesprekplanning zijn afgerond voordat er naar de volgende stap wordt gegaan. Ze fungeren als de 'poortwachter' en zorgen ervoor dat alle activiteiten zijn voltooid.

- **Systeemcontrole:** In een geautomatiseerd proces kan een HR-systeem de voltooiing van beide activiteiten bijhouden. Het systeem wacht op bevestiging dat zowel de CV-beoordeling als de sollicitatiegesprekplanning zijn voltooid voordat het proces naar de volgende stap kan gaan, zoals het verzenden van een aanbiedingsbrief of het regelen van het sollicitatiegesprek.

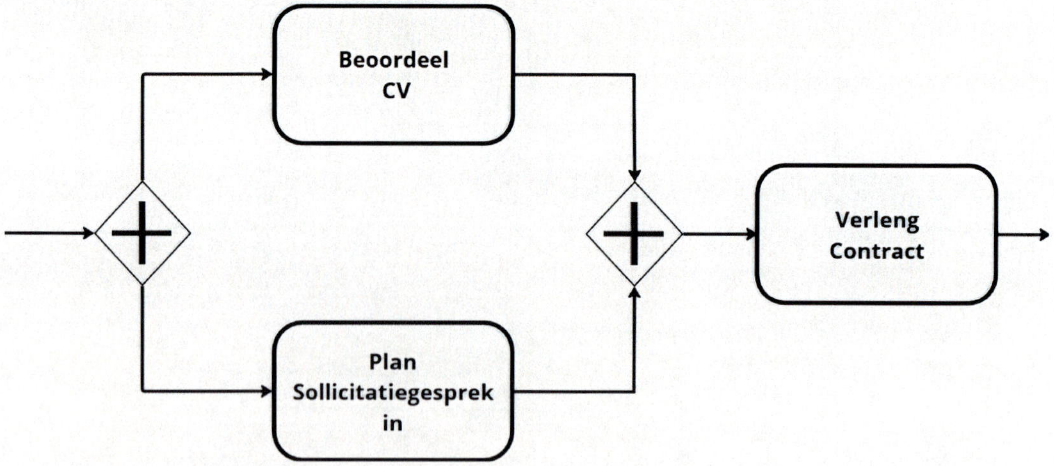


Fig3.12 BPMN Parallel Branching Gateway en Merging Gateway - Voorbeeld met twee parallelle activiteiten om te illustreren dat alle activiteiten eerst voltooid moeten zijn voordat de activiteit na de Parallelle Parallel Merging Gateway kan worden gestart

# Inclusive Branching Gateway

Een **Inclusive Branching Gateway** (Inclusieve Vertakkingsgateway) wordt gebruikt om situaties te modelleren waarin één of meer vertakkingen geactiveerd kunnen worden op basis van de voorwaarden die in een proces zijn gedefinieerd. In tegenstelling tot de Exclusive Branching Gateway, die slechts één pad toestaat, of de Parallel Branching Gateway, die alle paden activeert, biedt de Inclusive Branching Gateway flexibiliteit door elke combinatie van vertakkingen te laten uitvoeren.

Een Inclusive Branching Gateway evalueert voorwaarden en activeert vervolgens één of meer paden op basis van de resultaten van die voorwaarden.

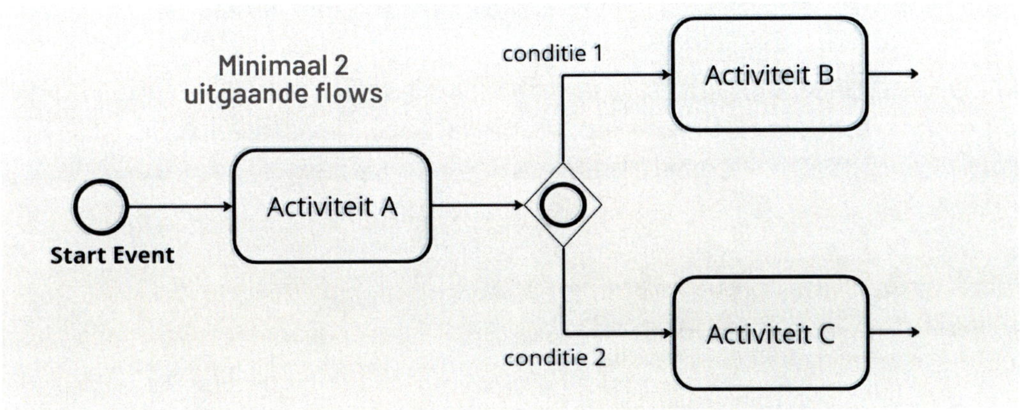


Fig3.13 BPMN Inclusive Branching Gateway - Voorbeeld met twee paden

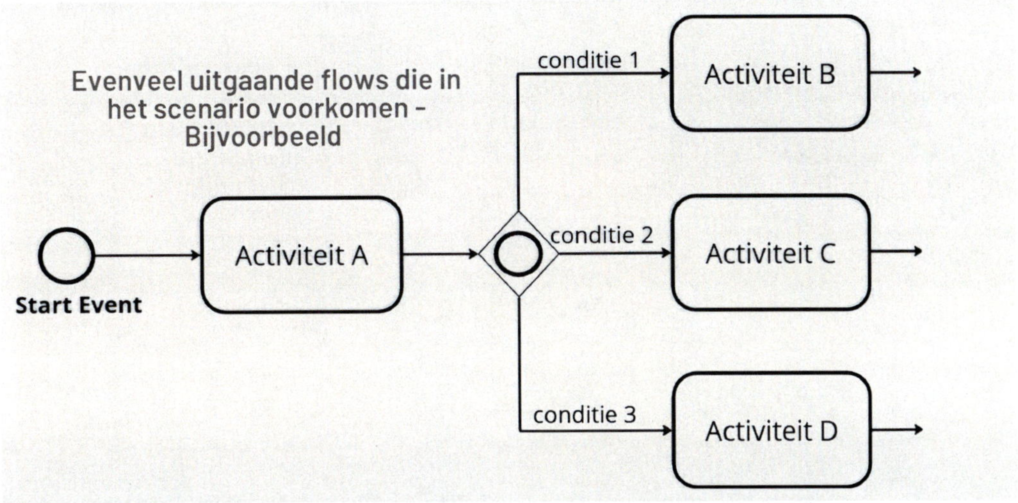


Fig3.14BPMN Inclusive Branching Gateway - Voorbeeld met drie paden

**Inclusive Branching Gateway Voorbeeld in een Sollicitatieproces:**

Stel je een sollicitatieproces voor waarin, na een eerste gesprek, verschillende parallelle evaluaties moeten plaatsvinden. Afhankelijk van de functie waarop gesolliciteerd wordt, zijn er vereiste evaluaties

1. **Technische Test:** Als de kandidaat solliciteert naar een technische functie, moet hij/zij een technische test afleggen.
2. **Portfolio Beoordeling:** Als de kandidaat solliciteert naar een creatieve functie, moet zijn/haar portfolio worden beoordeeld.
3. **Achtergrondonderzoek:** Alle kandidaten, ongeacht de functie, moeten een achtergrondonderzoek ondergaan.

Het gebruik van een Inclusive Branching Gateway maakt het mogelijk dat het proces stroomt op basis van specifieke voorwaarden. Bijvoorbeeld:

- Als de kandidaat solliciteert naar een technische functie, worden zowel de technische test als het achtergrondonderzoek geactiveerd.
- Als de kandidaat solliciteert naar een creatieve functie, worden de portfolio beoordeling en het achtergrondonderzoek geactiveerd.

Voor niet-technische, niet-creatieve functies wordt alleen het achtergrondonderzoek uitgevoerd.

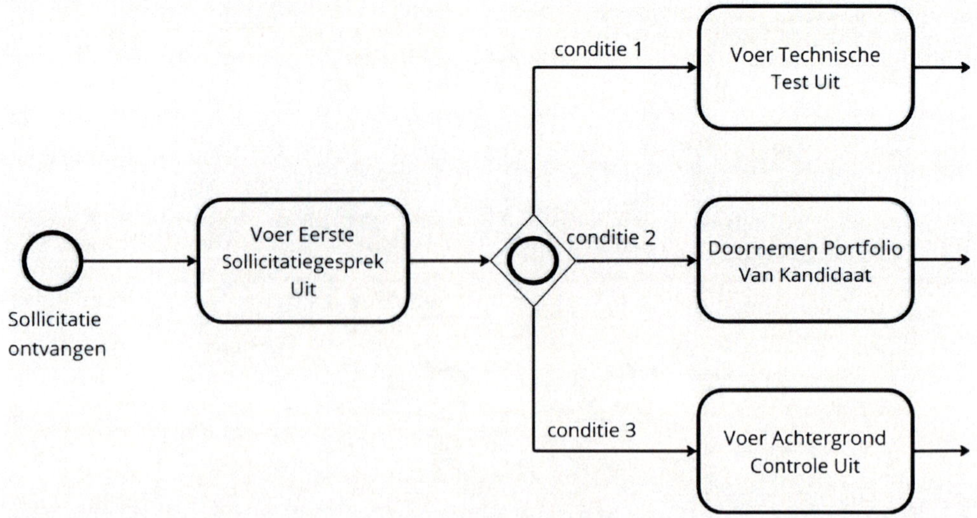


Fig3.15 BPMN Inclusive Branching Gateway - Voorbeeld met mogelijke drie activiteiten van combinaties

# Inclusive Merging Gateway

Zodra de vereiste activiteiten (bijvoorbeeld technische test, achtergrond-onderzoek, portfolio beoordeling) zijn voltooid, wordt de **Inclusive Merging Gateway** (Inclusieve Samenvoegingsgateway) gebruikt om het proces terug te brengen naar een enkele stroom. Dit kan leiden tot de laatste interviewstap of de beslissing om een aanbod te doen.

**Inclusive Merging Gateway uitgelegd**:

De Inclusive Merging Gateway wacht tot alle geactiveerde inkomende stromen zijn voltooid voordat de volgende taak wordt gestart. Dit is essentieel voor de functie ervan—het vereist niet dat alle mogelijke inkomende stromen zijn voltooid, maar alleen de stromen die geactiveerd zijn op basis van de eerder gedefinieerde voorwaarden. Als bijvoorbeeld alleen het achtergrondonderzoek en de technische test voor een kandidaat zijn geactiveerd, wacht het proces alleen op de voltooiing van die twee activiteiten voordat het verdergaat. Dit zorgt voor flexibiliteit terwijl de controle over de processtroom behouden blijft.

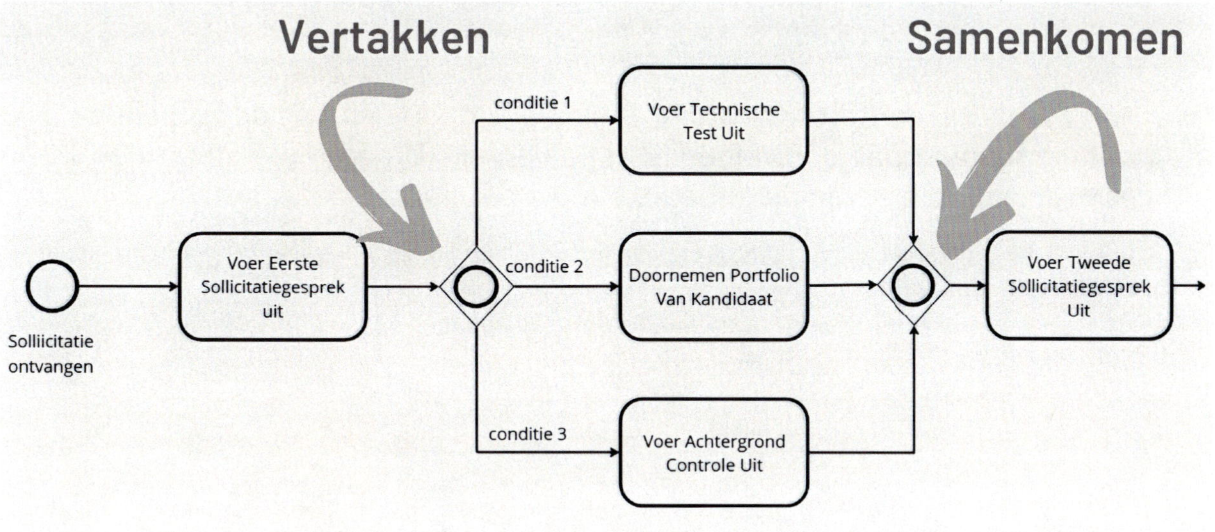


Fig3.16 BPMN Inclusive Branching - en Merging Gateway - Het voorbeeld laat zien hoe ze samenwerken.

# Event-Based Gateway

Een **Event-Based Gateway** (Gebeurtenisgebaseerde Gateway) wordt gebruikt om scenario's te modelleren waarin de processtroom wordt bepaald door te wachten op een van de verschillende mogelijke gebeurtenissen. Deze gebeurtenissen kunnen extern zijn of worden geactiveerd door activiteiten binnen het procesmodel. In tegenstelling tot de Exclusive of Inclusive Gateway, waar beslissingen gebaseerd zijn op beslissingen die vóór de Gateway zijn genomen, wacht de Event-Based Gateway op het plaatsvinden van een van de verschillende gebeurtenissen ná de Gateway voordat dat pad wordt vervolgd.

**De Verkeerslichten Analogie voor de Event-Based Gateway:**

Stel je voor dat je naar een druk kruispunt rijdt met meerdere verkeerslichten. Het pad dat je neemt, hangt volledig af van welk licht het eerst verandert. Je hebt geen controle over de lichten, maar je reageert op wat er gebeurt:

- Als het licht groen wordt, rijd je door (activeert één pad).
- Als het voetgangerslicht groen is, gaat de voetganger lopen (activeert een ander pad).
- Als het zwaailicht van een hulpverleningsvoertuig knippert, ga je aan de kant (activeert een ander pad).

Met een Event-Based Gateway wacht je simpelweg op een van de komende gebeurtenissen voordat je je volgende actie bepaalt. De gateway stuurt de processtroom op basis van de gebeurtenis die het eerst plaatsvindt.

Fig3.17 BPMN Event-Based Gateway analogie

**Scenario: Sollicitatieproces met behulp van een Event-Based Gateway voor Meerdere Reactiepaden**

In dit scenario, wacht het proces nadat het Recruitment Team een sollicitatiegesprek heeft ingepland, op verschillende potentiële uitkomsten die de volgende stap bepalen. Het proces zou als volgt kunnen gaan bij gebruik van een Event-Based Gateway:

- Kandidaat bevestigt het sollicitatiegesprek (externe gebeurtenis).
- Geen reactie van de kandidaat binnen 5 dagen (externe gebeurtenis).
- HR-directeur schort het wervingsproces op (interne gebeurtenis).

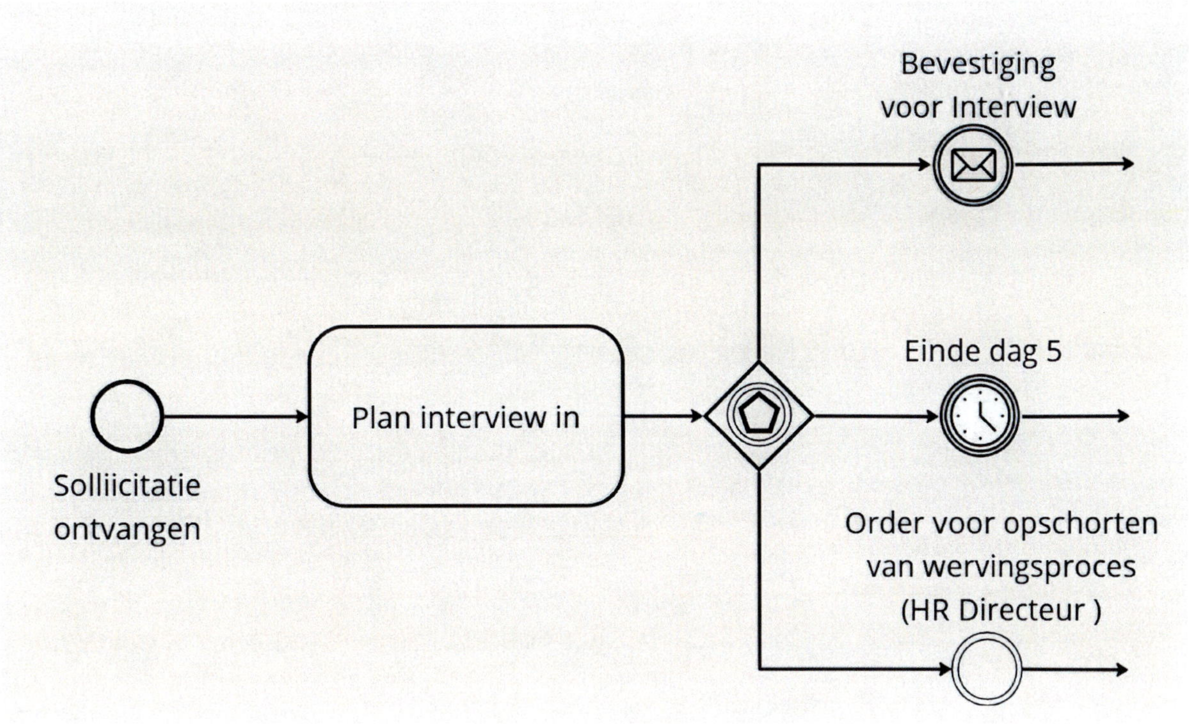


Fig3.18 BPMN Event-Based Gateway, voorbeeld van veelvoorkomend gebruik

Elk van deze gebeurtenissen activeert een ander pad in het proces:

- Als de kandidaat bevestigt, gaat het proces verder met de voorbereiding op het sollicitatiegesprek.
- Als er binnen 5 dagen geen reactie is, kan het proces het recruitmentteam waarschuwen om een opvolgactie te starten of bijvoorbeeld de sollicitatie van de kandidaat te beëindigen.
- Als de HR-directeur het proces opschort, worden alle wervingsactiviteiten stopgezet en gaat het team over op een andere taak of herbeoordeelt het de functie.

Dit laat zien hoe de Event-Based Gateway de stroom aanpast op basis van verschillende zakelijke gebeurtenissen, waardoor flexibiliteit mogelijk is bij het afhandelen van verschillende realistische uitkomsten die zich voordoen tijdens een wervingsproces

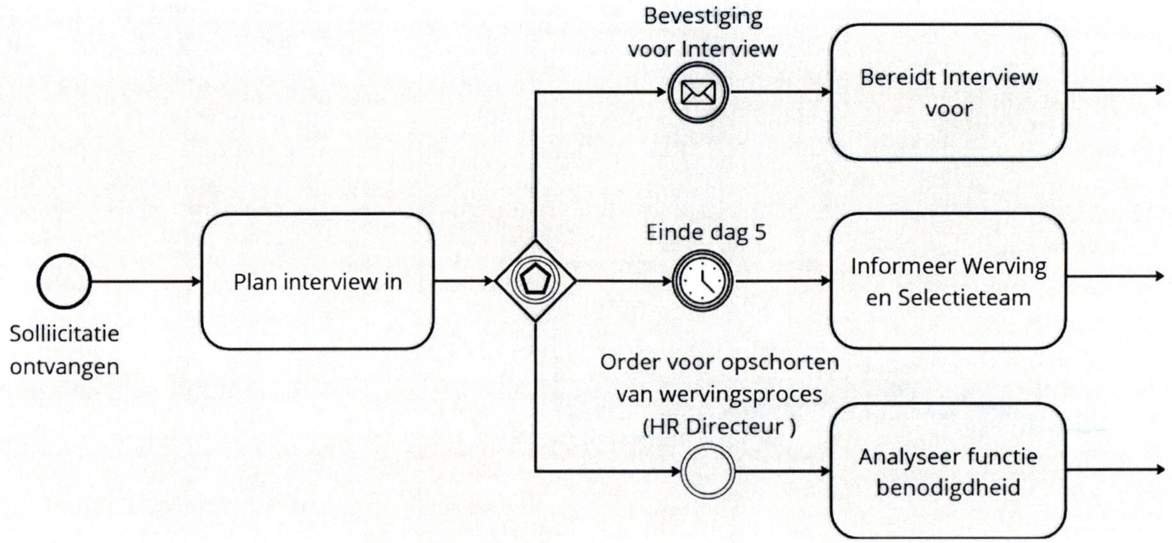


Fig3.19 BPMN Event-Based Gateway, voorbeeld van gebruik in een sollicitatieproces.

Na een Event-Based Gateway kunnen alleen bepaalde typen **Intermediate Catching Events** (Tussenliggende Ontvangende Gebeurtenissen) worden gebruikt. Deze gebeurtenissen vertegenwoordigen doorgaans het wachten op een specifiek signaal of een specifieke gebeurtenis voordat het proces verdergaat.

Hier zijn de mogelijke **catching events** (ontvangende gebeurtenistypen):

1. **Message Intermediate Catch Event**
   (Tussenliggende Ontvangende Berichtgebeurtenis)
   - Inkomend bericht, zoals het ontvangen van een document, een verzoek of een melding.
   - **Voorbeeld:** Kandidaat bevestigt het sollicitatiegesprek.

2. **Timer Intermediate Event**
   (Tussenliggende Tijdgebaseerde gebeurtenis)
   - Wacht tot een specifieke tijd is verstreken of een deadline is bereikt.
   - **Voorbeeld:** Als de kandidaat niet binnen 5 dagen reageert, wordt deze gebeurtenis geactiveerd.

3. **Signal Intermediate Catch Event**
   (Tussenliggende Ontvangende Signaalgebeurtenis)
   - Wacht op een uitgezonden signaal dat kan worden geactiveerd door een ander proces of activiteit binnen de organisatie.
   - **Voorbeeld:** Een signaal dat wordt gegeven wanneer een kandidaat een achtergrondonderzoek heeft doorstaan, wat de volgende stap in het proces activeert.

4. **Conditional Intermediate Event**
   (Tussenliggende Voorwaardelijke Gebeurtenis)
   - Wacht tot een voorwaarde waar is voordat het proces verdergaat.
   - **Voorbeeld:** Het proces wacht op de voorwaarde dat alle benodigde goedkeuringen zijn voltooid.

Deze gebeurtenissen vertegenwoordigen verschillende 'triggers' die kunnen optreden en bepalen welk pad het proces neemt na een Event-Based Gateway.

# Afsluitende Gedachten

Veel mensen begrijpen Gateways verkeerd, in de overtuiging dat in de Gateway de beslissing wordt genomen. In werkelijkheid is een Gateway een routeringsmechanisme, waarvoor het te nemen pad wordt bepaald voordat de Gateway wordt bereikt.

Zie een Gateway als een verkeerskruispunt. De beslissing om te stoppen, door te rijden of af te slaan wordt genomen door de bestuurder (de proceslogica), terwijl de verkeerslichten en verkeersborden (de Gateway) simpelweg de juiste route afdwingen op basis van die beslissing. Hetzelfde geldt voor BPMN: Gateways beslissen niet; ze routeren het proces simpelweg op basis van vooraf gedefinieerde voorwaarden.

Sommige modelleurs vermijden Gateways volledig, terwijl anderen ze overmatig gebruiken, waardoor onnodige complexiteit ontstaat. Het doel is balans—gebruik Gateways alleen wanneer ze helderheid toevoegen. Te veel gateways kunnen een proces moeilijk te volgen maken; te weinig kunnen leiden tot verborgen logica die is begraven in taken of stroomvoorwaarden.

In hoofdstuk 6 en 7 gaan we onderzoeken hoe Process-bility zorgt voor het effectieve gebruik van Gateways—het schoon, intuïtief en vrij van onnodige complexiteit houden van modellen, terwijl duidelijke proceslogica behouden blijft.

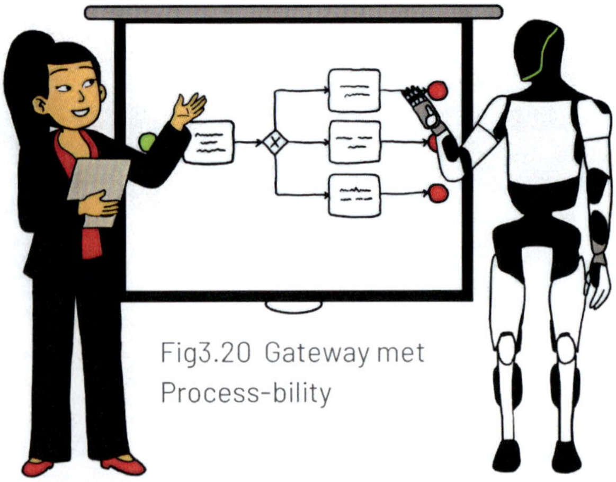

Fig3.20 Gateway met Process-bility

Hoofdstuk 4

# Visuele Balans met Process-bility

- Visuele Balans Veranderde Mijn Modelleerwerk
- Richtlijnen voor Visuele Balans
- Kenmerkende Elementen van Visuele Balans volgens Process-bility
  - Persoonspictogram voor Swimlanes
  - Systeemweergave volgens Process-bility
- Waarom Kenmerkende Elementen van Visuele Balans volgens Process-bility?
- Afsluitende Gedachten

# Visuele Balans Veranderde Mijn Modelleerwerk

In 2008 beschouwde ik mezelf als een degelijke bedrijfsprocesmodelleerder. Mijn focus lag volledig op de inhoud van het model – het correct weergeven van de processen – maar ik besteedde geen aandacht aan de visuele presentatie. Toen kwam er een keerpunt. Mijn projectmanager, een echte specialist, gaf me voortdurend feedback die niets te maken had met de nauwkeurigheid van het proces. In plaats daarvan wees ze erop hoe de notaties niet waren uitgelijnd, of hoe de verbindende stromen niet recht waren. Aanvankelijk vond ik haar opmerkingen frustrerend, omdat ze oppervlakkig leken.

Maar er veranderde iets toen ik die visuele elementen ging "repareren". Door de notaties uit te lijnen en de stromen recht te trekken, besefte ik dat ik een paar cruciale aspecten van het proces zelf had gemist. Dit inzicht was een keerpunt: De kracht van Visuele Balans.

Visuele Balans gaat niet alleen over het er goed laten uitzien van een model; het gaat om helderheid. Wanneer een BPMN-model visueel in balans is, wordt het veel gemakkelijker om hiaten, inconsistenties of fouten in het proces te ontdekken. Vanaf die dag prioriteerde ik Visuele Balans in mijn modellen, zelfs tijdens workshops waarin ik processen voor het eerst moest vastleggen. De impact was enorm. Belanghebbenden konden de stroom gemakkelijk volgen, zinvolle feedback geven, en we konden het modelleringsproces veel sneller voltooien.

# Richtlijnen voor Visuele Balans

Dit zijn de hoofdprincipes van visuele balans die ervoor zorgen dat BPMN-modellen gemakkelijk te begrijpen zijn:

**Stroom van Links naar Rechts, van Boven naar Beneden:**

Een stroom van links naar rechts, van boven naar beneden is essentieel. Het Start event moet zich aan de linkerkant bevinden en bij voorkeur in de bovenste Swimlane, met activiteiten en gateways die van daaruit op natuurlijke wijze zijn uitgelijnd. Deze duidelijke richting helpt lezers het proces zonder verwarring te volgen.

Bij het overschrijden van swimlanes is verticale uitlijning essentieel, vooral tijdens overdrachten, maar de hoofdregel blijft om de stroom van links naar rechts te behouden. Verkeerd uitgelijnde of willekeurig geplaatste notaties kunnen tot verwarring leiden en het proces moeilijker te volgen maken.

De stroom van het diagram weerspiegelt hoe we van nature informatie lezen en verwerken, waardoor het procesverhaal gemakkelijker te begrijpen is. Zelfs complexe modellen worden duidelijker en eenvoudiger te begrijpen, waardoor de lezer zich kan concentreren op het proces zelf.

**Uitzondering op de Stroom van Links naar Rechts**

Hoewel de stroom van links naar rechts een algemene best practice is, is er één uitzondering: scenario's voor terugkoppeling of herziening na controle. In gevallen waarin een activiteit opnieuw moet worden uitgevoerd vanwege een fout of een bedrijfsregel (bijvoorbeeld een beoordelings- of verbeteractiviteit), is het acceptabel dat de processtroom van rechts naar links beweegt. Deze uitzondering is logisch bij het visueel weergeven van een terugkoppeling naar een eerder punt in het proces voor correctie of verdere actie.

**Gebalanceerde Uitlijning:**

Handhaaf horizontale uitlijning (binnen Swimlanes) en verticale uitlijning (tussen Swimlanes), zodat een schoon en goed gestructureerd diagram ontstaat dat gemakkelijk te volgen is.

**Consistente Spatiëring:**

Zorg voor de juiste horizontale en verticale spatiëring tussen notaties om het model schoon en gemakkelijk te verwerken.

**Consistente Notatiegrootte:**

Alle notaties van hetzelfde type hebben identieke afmetingen in uw BPMN-modellen.

**Consistente Kleurcodering voor Gebeurtenissen:**

Gebruik groen voor Startgebeurtenissen, rood voor Eindgebeurtenissen en geel voor Tussengebeurtenissen. Deze uniformiteit zorgt ervoor dat lezers de processtroom gemakkelijk kunnen volgen en de voortgang van begin tot eind kunnen begrijpen.

**Het Vermijden van Kruisingen:**

Minimaliseer of elimineer kruisende lijnen (verbindingsstromen die elkaar kruisen). Dit kan vaak worden bereikt door Swimlanes te herschikken. Of in een enkel geval de verbindende (kruisende) lijn te verplaatsen.

### Het Vermijden van Overmatige Lege Ruimte

Minimaliseer verspilde ruimte in modellen. Overmatig grote pools en/of swimlanes creëren onnodige lege gebieden, wat de visuele stroom verstoort en het diagram moeilijker te navigeren maakt. Door de afmetingen van pools proportioneel te houden, blijft het model overzichtelijk, efficiënt en gemakkelijker te volgen

### Het Vermijden van Samengevoegde Lijnen:

Dit voorkomt visuele warboel, waardoor elk pad afzonderlijk blijft. Dit zorgt voor helderheid, vermindert verwarring en maakt het proces gemakkelijker te volgen.

### Het Vermijden van Onnodige Zigzags in Verbindingslijnen:

Verbindingslijnen moeten vloeiend en recht zijn om de helderheid te behouden. Een kleine uitzondering is echter toegestaan bij het overschrijden van swimlanes om verticale uitlijning mogelijk te maken. In dergelijke gevallen kan minimaal zigzaggen nodig zijn, maar het doel blijft om de lijnen zo direct mogelijk te houden om een schoon en gemakkelijk te volgen model te garanderen.

### Persoonspictogrammen voor Rol/Team in Swimlanes:

Gebruik persoonspictogrammen om rollen visueel te onderscheiden in plaats van alleen op tekst te vertrouwen om rollen of teams in swimlanes weer te geven.

### Systeemweergave door het Systeemlabel in de Activiteitnotatie te Plaatsen:

Integreer het systeem-/applabel direct in het activiteitvak om de focus op het bedrijfsproces te behouden. Dit zorgt voor helderheid en voorkomt rommel door extra swimlanes of externe symbolen.

# Kenmerkende Elementen van Visuele Balans volgens Process-bility

De laatste twee richtlijnen gaan verder dan de standaard BPMN-praktijken en weerspiegelen de innovatieve geest van Process-bility. Ze benadrukken hoe procesmodellen kunnen worden verbeterd om communicatie en helderheid te vergroten:

**Persoonspictogrammen voor Swimlanes:**

Gebruik persoonspictogrammen om rollen visueel te onderscheiden in plaats van alleen op tekst te vertrouwen om rollen of teams in swimlanes weer te geven.

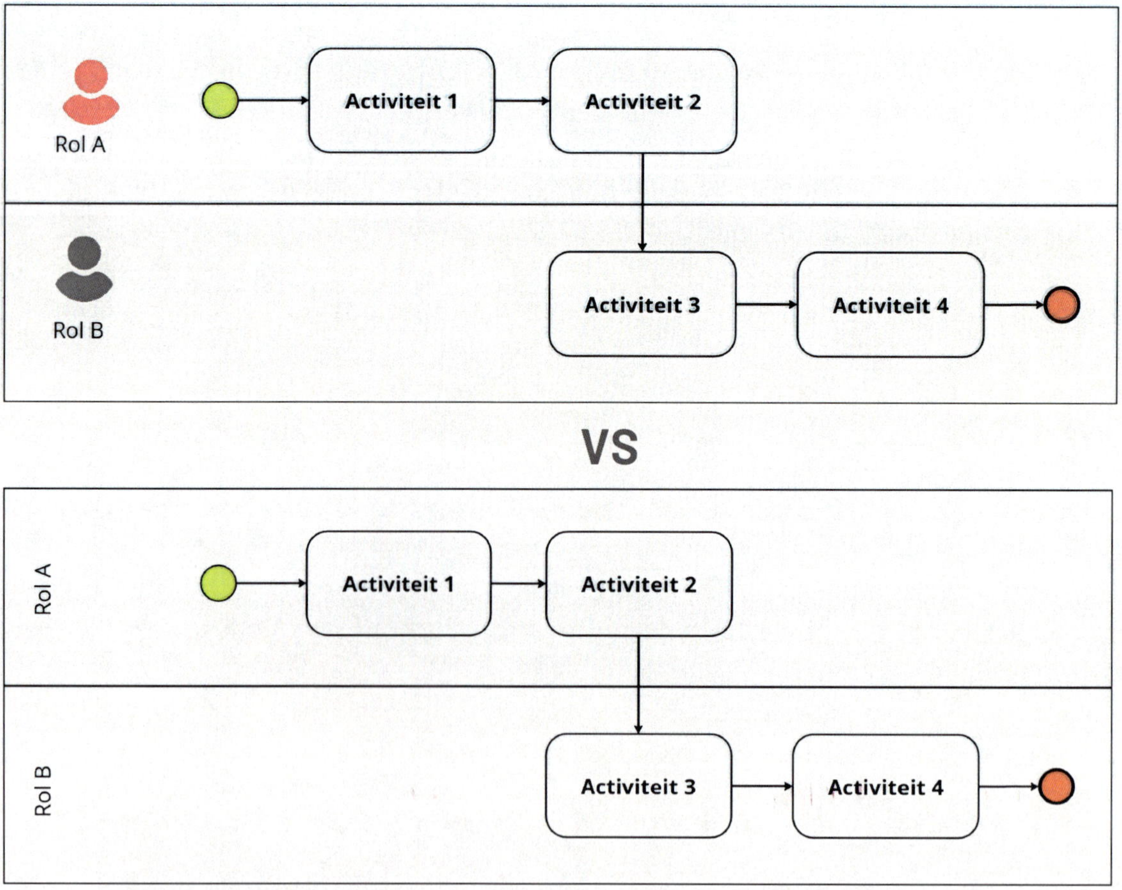


Fig4.1 Het verschil tussen het Process-bility persoonspictogram en de BPMN-rolnaam in een swimlane.

## Waarom Persoonspictogrammen Beter Zijn dan Verticale Tekst?

### Directe Herkenning:

Persoonspictogrammen stellen belanghebbenden in staat om de rol of het team dat aan elke swimlane is gekoppeld direct te herkennen. Daarentegen dwingt de traditionele aanpak van het verticaal schrijven van rol-/teamnamen de lezer vaak om het hoofd te kantelen of zich in te spannen om zijwaarts te lezen, wat het begrip vertraagt.

### Betere Visuele Stroom:

De verticale tekst verstoort de natuurlijke leesstroom van links naar rechts, terwijl pictogrammen naadloos in de proceslay-out passen zonder de visuele balans te verstoren. Persoonspictogrammen sluiten aan bij menselijke cognitieve patronen, waardoor het diagram intuïtiever te volgen is.

### Visuele Consistentie:

Met pictogrammen blijven de rollen consistent in uiterlijk en plaatsing in het hele model, waardoor het voor belanghebbenden gemakkelijker wordt om rollen in het hele diagram te volgen. Verticale tekst daarentegen varieert in lengte en oriëntatie, wat vaak leidt tot een inconsistente visuele stroom.

**Betrokkenheid en Aantrekkingskracht:**

Pictogrammen maken het model visueel aantrekkelijker. Ze geven een vleugje persoonlijkheid en visuele diversiteit, waardoor belanghebbenden meer aandacht besteden tijdens presentaties of workshops. Verticale tekst, vooral in complexe diagrammen, ziet er vaak eentonig uit en kan ervoor zorgen dat belanghebbenden hun interesse verliezen.

**Gebruik van Kleuren of Variaties:**

Verschillende kleuren of variaties van het persoonspictogram kunnen verschillende rollen, teams of afdelingen vertegenwoordigen, waardoor de leesbaarheid en visuele balans worden verbeterd. Deze techniek helpt belanghebbenden onmiddellijk onderscheid te maken tussen rollen, waardoor de processtroom helder blijft, zelfs in complexe modellen.

Fig4.2 Voorbeeld van een persoonspictogram met verschillende kleuren voor logische groepering/associatie

## Process-bility Systeemweergave

Process-bility biedt een unieke benadering van systeemweergave door het systeemlabel in de activiteitennotatie te integreren. Dit staat in contrast met traditionele BPMN-methoden en moderne BPM-tools, en biedt aanzienlijke voordelen op het gebied van helderheid, eenvoud en algehele Visuele Balans.

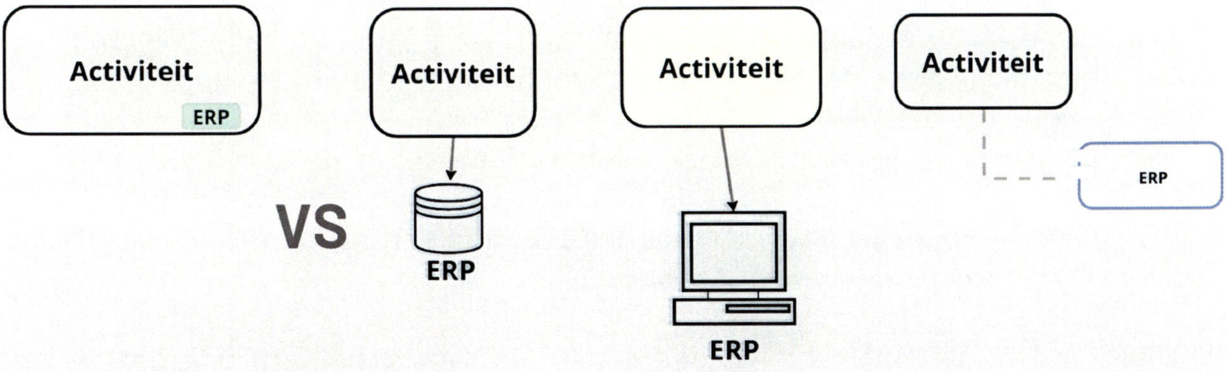


Fig4.3 Process-bility systeemweergave

## Voordelen van Process-bility in Vergelijking met Traditionele BPMN-methoden:

### 1. Traditionele BPMN-methode: Systemen als Swimlanes:

- **Uitdaging:** In traditionele BPMN worden systemen vaak weergegeven door afzonderlijke swimlanes voor elk systeem te maken. Dit maakt het proces systeemgericht in plaats van bedrijfsgericht, waardoor de aandacht wordt afgeleid van de hoofdbedrijfsprocessen. Het resulteert ook in complexere en rommelige diagrammen, vooral wanneer meerdere systemen betrokken zijn.
- **Process-bility Voordeel:** Door het systeemlabel direct in de taak te integreren, houdt Process-bility het model bedrijfsgericht. Dit elimineert de noodzaak van extra swimlanes die aan systemen zijn gewijd, wat resulteert in schonere, efficiëntere diagrammen waarin belanghebbenden zich kunnen concentreren op het proces zelf in plaats van overweldigd te worden door extra Swimlanes.

## 2. Traditionele BPMN-methode: Gebruik van het Gegevensopslagobject:

- **Uitdaging:** Een andere traditionele methode is het gebruik van een Gegevensopslagobject (vaak afgebeeld als een databasepictogram) met associatielijnen om taken te koppelen aan de systemen waarmee ze een interactie hebben. Hoewel deze methode de betrokkenheid van het systeem aantoont, is deze losgekoppeld van de taak, waardoor het voor belang-hebbenden moeilijker wordt om direct te zien welk systeem wordt gebruikt.

- **Process-bility Voordeel:** In tegenstelling hiermee plaatst Process-bility het systeemlabel in het activiteitvak, wat direct helderheid biedt. Belanghebbenden hoeven geen associatielijnen te volgen of naar externe artefacten te zoeken. Het systeem is duidelijk zichtbaar binnen de context van de activiteit.

## 3. Moderne - Process-bility - Methode: Koppeling van Systeem met Computerpictogram en Associatielijn:

- **Uitdaging:** Tools zoals Signavio gebruiken vaak een computerpictogram om systemen weer te geven, gekoppeld aan taken met een gestippelde associatielijn. Hoewel deze methode visueel de betrokkenheid van het systeem aantoont, voegt het complexiteit toe door extra pictogrammen en lijnen buiten de taak te introduceren. Lezers moeten de associatielijn volgen om te begrijpen welk systeem aan de taak is gekoppeld, wat omslachtig kan zijn, vooral in grotere diagrammen.

- **Process-bility Voordeel:** Process-bility elimineert de noodzaak van externe associatielijnen of pictogrammen. Door het systeem-/applabel direct in de activiteit te plaatsen, is het direct duidelijk welk systeem wordt gebruikt, waardoor de visuele complexiteit wordt verminderd en de leesbaarheid wordt verbeterd. Deze directe integratie maakt het voor belanghebbenden gemakkelijker om het proces in één oogopslag te begrijpen zonder naar gekoppelde elementen te hoeven zoeken.

# Waarom Kenmerkende Elementen van Visuele Balans volgens Process-bility

**Helderheid en Focus:** De Process-bility-aanpak verwijdert onnodige rommel uit swimlanes, artefacten of externe associaties, waardoor het systeem direct zichtbaar is binnen de activiteit.

**Bedrijfsgerichte Aanpak:** Door het gebruik van extra swimlanes voor systemen te vermijden, houdt Process-bility de focus op het bedrijfsproces in plaats van het systeemgericht te maken.

**Vereenvoudigde Structuur:** In plaats van meer elementen (swimlanes, pictogrammen of associatielijnen) toe te voegen, houdt Process-bility alles binnen de activiteit, waardoor de processtroom het middelpunt van het model blijft.

**Betere Betrokkenheid van Belanghebbenden:** Doordat systemen duidelijk in de taak zijn geïdentificeerd, kunnen belanghebbenden snel begrijpen welke tools of systemen bij elke stap betrokken zijn, wat effectievere discussies en besluitvorming mogelijk maakt.

Door systeemlabels direct in de activiteit te integreren, levert Process-bility een meer intuïtieve en gestroomlijnde benadering van systeemweergave, die zowel traditionele BPMN- als moderne BPM-toolmethoden ver overtreft op het gebied van eenvoud, bedrijfsfocus en Visuele Balans.

**Opmerking over de Kenmerkende Elementen van Process-bility:**

Het gebruik van deze Elementen worden mogelijk niet ondersteund in het programma waarin u BPMN diagrammen maakt.

# Afsluitende Gedachten

Visuele Balans in de Praktijk

We hebben de theorie en het belang van Visuele Balans onderzocht en gezien hoe cruciaal het is voor het maken van heldere, effectieve BPMN-modellen. Visuele Balans is niet alleen een kwestie van esthetiek; het is een hulpmiddel dat complexe processen omzet in gemakkelijk te begrijpen verhalen. De echte magie gebeurt echter wanneer deze principes worden toegepast op daadwerkelijke modellen.

In het volgende hoofdstuk duiken we dieper in Visuele Balans in de Praktijk. Hier ziet u praktijkvoorbeelden van BPMN en hoe het toepassen van Visuele Balans de manier verandert waarop processen worden gemodelleerd en begrepen. We hanteren een praktische aanpak en demonstreren stap voor stap hoe deze technieken kunnen worden gebruikt om uw eigen modellen te verbeteren. Bereid u voor op een visuele reis die complexe stromen omzet in modellen die niet alleen functioneel, maar ook prachtig zijn in hun eenvoud.

> **Visuele Balans:**
> **meer dan mooi,**
> **het verheldert de geest en**
> **vereenvoudigt processen direct.**

Hoofdstuk 5

# Visuele Balans In de Praktijk

- **De Eenvoudigste Manier om BPMN te Verbeteren in een Eenvoudig te Begrijpen Model**
- **Een BPMN Model Verbeteren met Visuele Balans**
  - Casus 1: Typisch BPMN-model met Geen Visuele Balans
  - Casus 2: BPMN-model met Kruisende Lijnen
  - Casus 3: BPMN-model met Systemen
  - Casus 4: Eenvoudig BPMN-model met Herwerking
  - Casus 5: Eind goed, al goed
- **Vragen en Antwoorden**

# De Eenvoudigste Manier om BPMN te Verbeteren in een Eenvoudig te Begrijpen Model

Visuele Balans is de onbezongen held van procesmodellering. Terwijl veel modelleurs zich uitsluitend richten op de inhoud, zien ze vaak over het hoofd hoe de lay-out en structuur van een model de helderheid ervan kan maken of breken. In Process-bility geloven we dat elk BPMN-model niet alleen informatie moet overbrengen, maar dit ook moet doen op een manier die visueel georganiseerd en gemakkelijk te volgen is.

Een goed uitgebalanceerd diagram is als een goed gecomponeerd kunstwerk - het trekt de blik van de kijker op natuurlijke wijze, verbetert het begrip en de communicatie tussen belanghebbenden. Het beste deel? Visuele Balans is een van de eenvoudigste technieken om toe te passen en levert onmiddellijke resultaten op. U hoeft geen expert te zijn om de impact ervan te zien—slechts een paar kleine veranderingen in uitlijning, spatiëring of stroom kunnen uw modellen aanzienlijk verbeteren.

**Automatische Uitlijning in BPMN-modelleertools**

Veel BPMN-modelleertools, zoals MS Visio, Signavio, GBTEC BIC, ARIS en andere, bieden functies voor automatische of slimme uitlijning. Hoewel deze tools een zekere mate van hulp kunnen bieden bij het organiseren van modellen, schieten ze vaak tekort in het leveren van de ware visuele balans die nodig is voor helderheid en begrip.

Geautomatiseerde uitlijning richt zich doorgaans op het efficiënt rangschikken van elementen, maar slaagt er mogelijk niet in om de narratieve stroom, intuïtieve lay-out en gestructureerde storytelling vast te leggen die Process-bility benadrukt. Het gaat niet alleen om het netjes maken van het model; het gaat erom dat het in één oogopslag begrijpelijk is.

# BPMN-model verbeteren met Visuele Balans: Casus 1

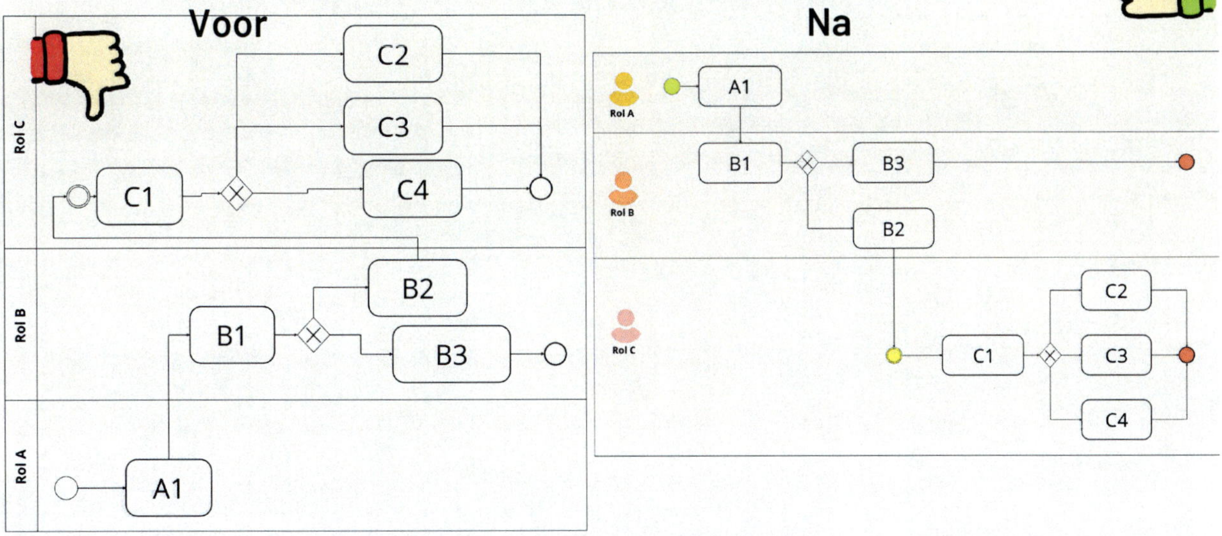


Fig5.1 Visule Balans Casus 1

## Visuele Balans Toegepast in het Na-Model (Fig 5.1):

1. Stroom van Links naar Rechts, van Boven naar Beneden: Het proces stroomt nu op natuurlijke wijze van links naar rechts, waardoor het gemakkelijker te volgen en te begrijpen is.
2. Gebalanceerde Uitlijning: Activiteiten binnen Swimlanes zijn horizontaal en verticaal uitgelijnd, wat zorgt voor een schone, gestructureerde uitstraling.
3. Consistente Spatiëring: De juiste horizontale en verticale spatiëring tussen notaties maakt het model visueel schoon en gemakkelijk te verwerken.
4. Consistente Notatiegrootte: Alle notaties van hetzelfde type hebben identieke afmetingen voor een gemakkelijke leesbaarheid.
5. Het Vermijden van Overmatige Lege Ruimte: Pool- en Swimlanegroottes zijn aangepast om onnodige lege ruimte te verwijderen, wat zorgt voor een efficiëntere lay-out.
6. Het Vermijden van Samengevoegde Lijnen: Afzonderlijke paden verminderen visuele rommel en verwarring, waardoor elke stroom helder blijft.
7. Het Vermijden van Onnodige Zigzags: Verbindingslijnen zijn vloeiend en recht, met minimale zigzags, waardoor de stroom gemakkelijk te volgen is.
8. Persoonspictogrammen voor Swimlanes: Pictogrammen vertegenwoordigen elke rol, waardoor de helderheid wordt vergroot en verantwoordelijkheden gemakkelijker te identificeren zijn.
9. Consistente Kleurcodering voor Gebeurtenissen: Groen voor Startgebeurtenissen, geel voor Tussengebeurtenissen en rood voor Eindgebeurtenissen helpen de lezer de procesvoortgang visueel te volgen.

## BPMN-model verbeteren met Visuele Balans: Casus 2

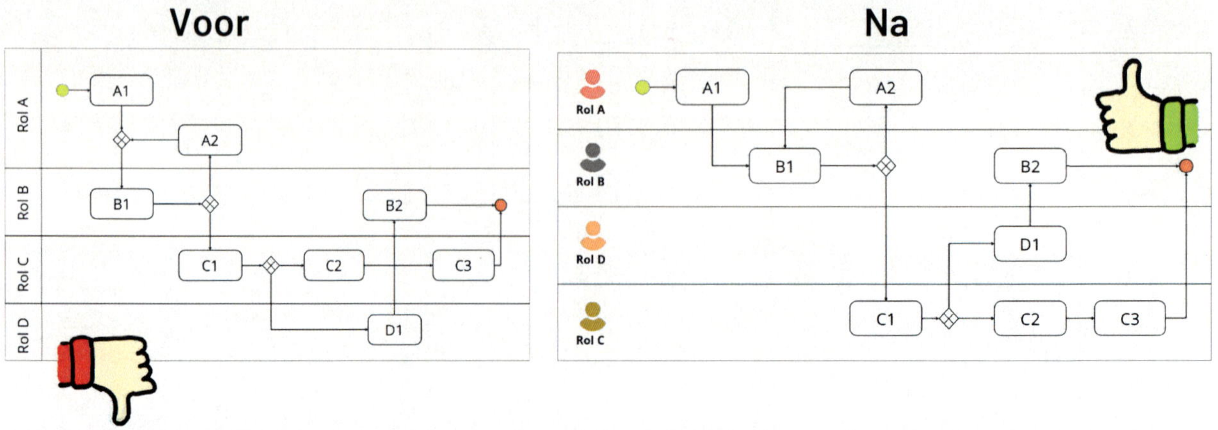


Fig5.2 Visuele Balans Casus 2

**Visuele Balans Toegepast in het Na-Model (Fig 5.2):**

1. Links-naar-rechts, boven-naar-beneden stroom: Het proces verloopt nu natuurlijk van links naar rechts, waardoor het gemakkelijker te volgen en te begrijpen is.
2. Rechts-naar-links voor de terugkoppeling: De stroom van A2 naar B1 is aangepast, waarbij de Exclusieve Samenvoegpoort is verwijderd.
3. Consistente notatiegrootte: De elementen C1, C2, C3 en D1 hebben nu een consistente grootte.
4. Vermijden van kruisingen: De zwembanen zijn herschikt (rol C en rol D zijn omgewisseld) om kruisingen te voorkomen.
5. Persoonspictogrammen in Swimlanes: Deze vertegenwoordigen elke rol. Vergroot de duidelijkheid en verantwoordelijkheden .

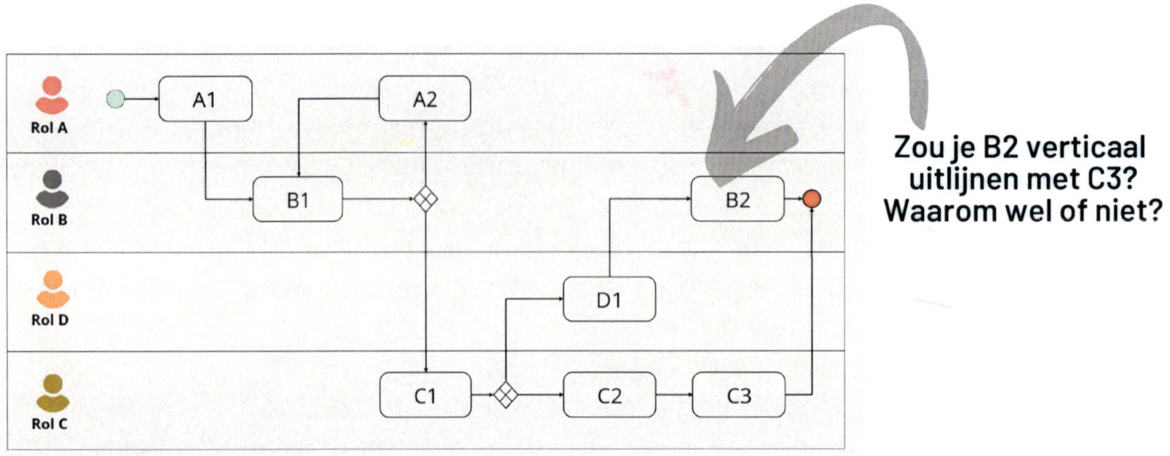


Fig5.3 Visule Balans Casus 2 vraag

# BPMN-model verbeteren met Visuele Balans: Casus 3

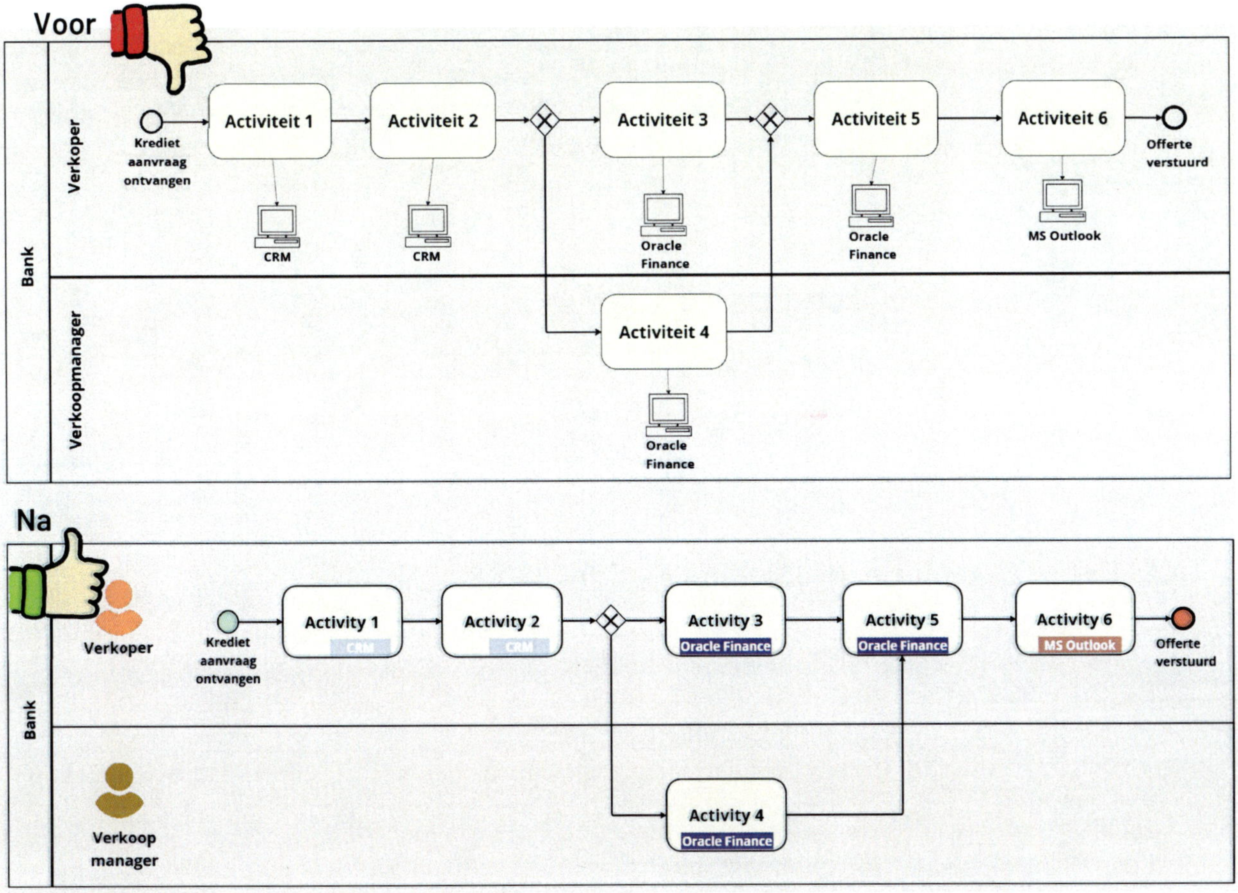


Fig5.4 Visual Balance Case 3

## Process-bility Kenmerk: visuele balans toegepast in het 'Na'-model:

1. Persoonspictogrammen voor zwembanen: Pictogrammen vertegenwoordigen elke rol, waardoor de helderheid wordt vergroot en verantwoordelijkheden gemakkelijker te identificeren zijn.
2. Process-bility systeemrepresentatie: Het systeemlabel is ingebed in de activiteitennotatie.

## Verbeteren van eenvoudige BPMN met terugkoppeling: Casus 4

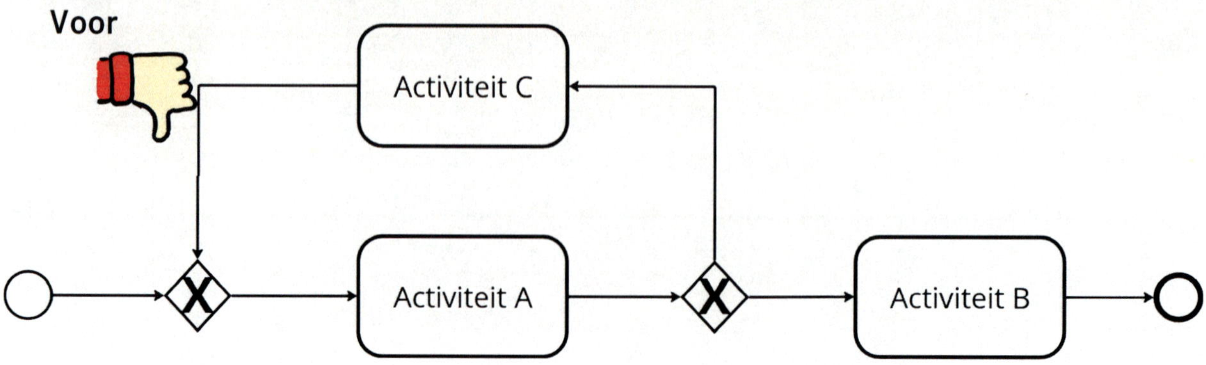


Fig5.5 Visuele Balans Casus 4 - Voor

### Tips: Toe te passen Visuele Balans Technieken:

1. Links-naar-rechts, boven-naar-beneden stroom
2. Rechts-naar-links voor terugkoppeling
3. Exclusieve samenvoeging wordt afgeraden

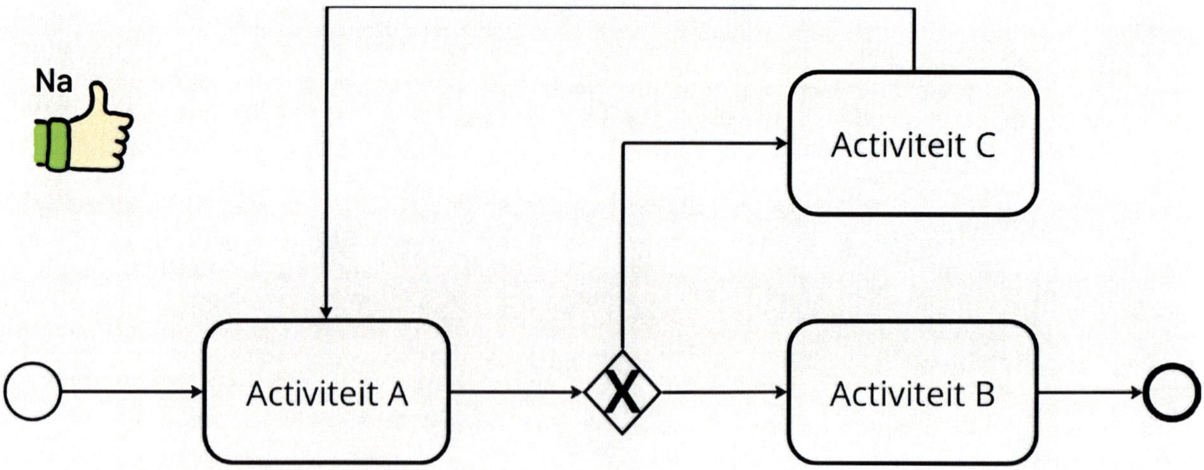


Fig5.6 Visuele Balans Casus 4 - Na

## Casus 5: Verbeteren van eenvoudige BPMN - Eind goed, al goed

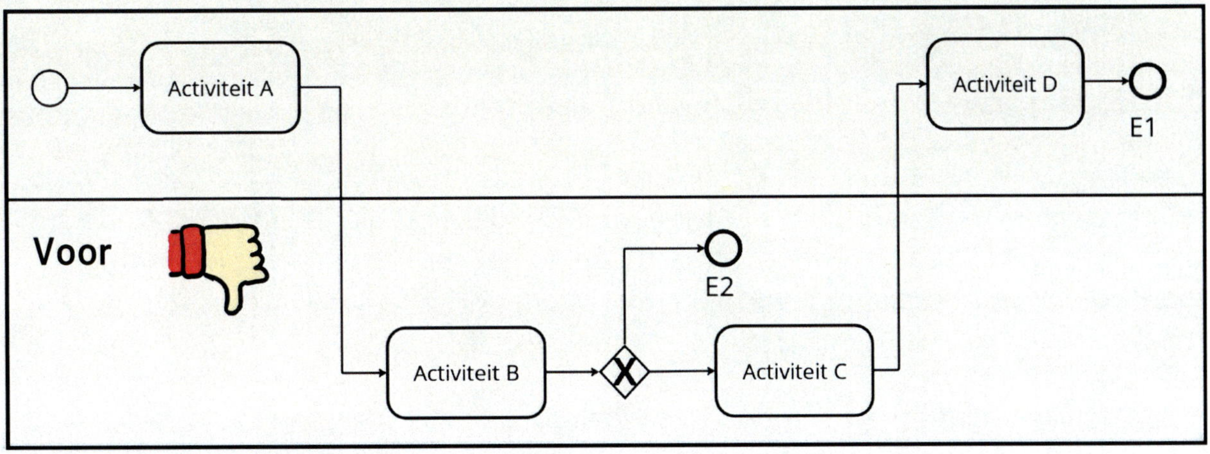


Fig5.7 Visuele Balans Casus 5 - Voor

### Tips: Toe te passen Visuele Balanstechnieken:

1. Vermijd onnodige zigzaglijnen
2. Lijn meerdere eindgebeurtenissen waar mogelijk verticaal uit

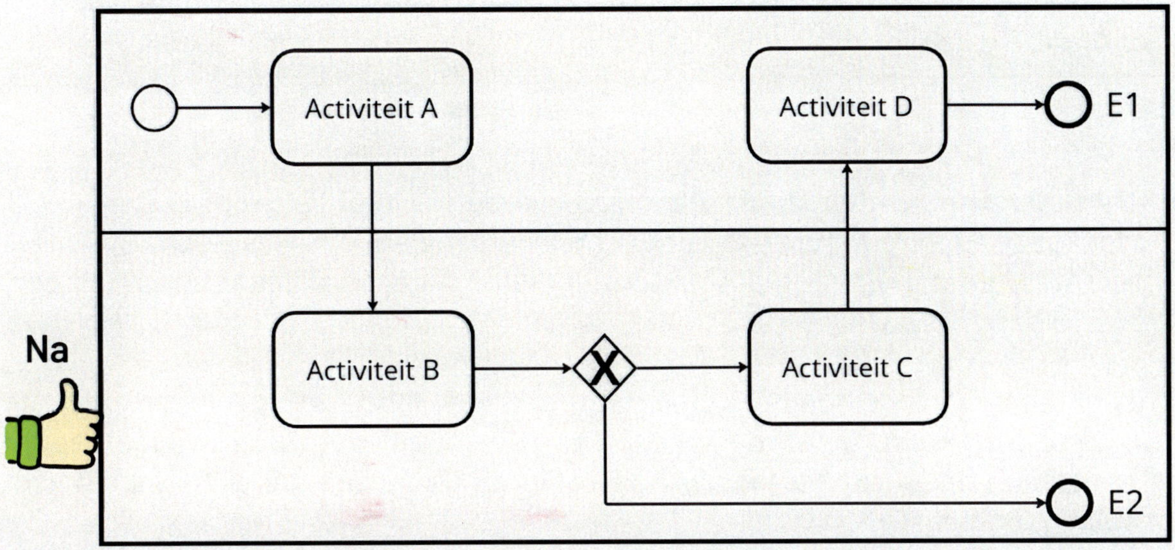


Fig5.8 Visuele Balans Casus 5 - Na

## Wanneer pas ik Visuele Balans toe bij BPMN-modellering?

Visuele Balans moet vanaf het begin van uw BPMN-modelleringsproces worden toegepast. Het is een essentieel onderdeel van het ontwerpen van uw model, waardoor helderheid en eenvoud vanaf het begin worden gewaarborgd. Hier is waarom:

- Duidelijke en intuïtieve stroom: Door visuele balans vroeg toe te passen, verloopt het proces op natuurlijke wijze, waardoor het voor belanghebbenden gemakkelijk te volgen is. Dit stelt hen in staat om eerder kwalitatieve feedback te geven en meer betrokken te raken in een procesworkshop, omdat ze het model beter begrijpen.

- Helpt de modelleerder het proces te begrijpen: Visuele balans is niet alleen voor belanghebbenden. Het helpt jezelf als modelleerder ook een duidelijker inzicht te krijgen in het bedrijfsproces. Door de elementen in balans te organiseren, kan de modelleerder gemakkelijker zien hoe elk onderdeel in de algehele stroom past.

- Voorkomt grote aanpassingen: Als u wacht tot het einde om uitlijning, spatiëring of andere balansproblemen op te lossen, loopt u het risico grote delen van uw model te moeten reorganiseren. Het consequent toepassen van visuele balans bespaart tijd en moeite.

- Consistentie en eenvoud: Visuele balans vereenvoudigt zelfs complexe processen. Door met balans in gedachten te bouwen, creëert u een gestructureerd, helder en professioneel ogend model dat vanaf het begin een overtuigend verhaal vertelt.

Visuele Balans is een leidend principe gedurende uw modellering, niet slechts een finishing touch. Het verbetert de kwaliteit van uw model, vergroot uw eigen begrip van het proces en maakt het proces boeiender en gemakkelijker te begrijpen voor alle belanghebbenden.

Hoofdstuk 6

# Eenvoud In Process-bility

- De Kracht van Eenvoud
- Technieken om Eenvoud te Bereiken
- Afsluitende gedachten

“

**Duidelijke BPMN-modellen vormen de basis voor het doorbreken van de silo's binnen uw organisatie.**

# De Kracht van Eenvoud

Eenvoud is de sleutel tot het creëren van heldere, effectieve procesmodellen. Door onnodige complexiteit te verwijderen, zorgen we ervoor dat belanghebbenden het model gemakkelijk kunnen begrijpen en erbij betrokken raken. In Process-bility gaat eenvoud niet alleen over het makkelijker laten lijken van dingen—het gaat over het verbeteren van communicatie en besluitvorming. Zoals Leonardo da Vinci zei: "Eenvoud is de ultieme verfijning."

**Waarom eenvoud belangrijk is in BPMN-modellen**

Te ingewikkelde BPMN-modellen leiden tot verwarring, vertragen de besluitvorming en resulteren in verspilde tijd en energie wanneer belanghebbenden proberen te ontcijferen wat eenvoudig zou moeten zijn. Het doel van eenvoud in Process-bility is om cognitieve overbelasting te verminderen, waardoor mensen processen sneller en nauwkeuriger begrijpen.

Modellen die eenvoudig zijn, zijn intuïtiever en nodigen sneller uit tot feedback. Dit versnelt het hele proces van modelleren, beoordelen en implementeren, waardoor het voor belanghebbenden gemakkelijker wordt om weloverwogen beslissingen te nemen.

> **Simpel met diepgang.**

# Technieken om Eenvoud te bereiken

## a. Gestroomlijnde korte activiteitnamen

- Actiegerichte formulering: De activiteitnamen zijn ingekort om direct op de actie te focussen, waardoor omslachtigheid wordt verminderd. in de vorm werkwoord - zelfstandig naamwoord.
- Vermijden van onnodige details: Verwijder onnodige details zoals "ingediend", "aan de kandidaat" of "voor de afdeling", en focus puur op de actie zelf.
- Direct en helder: Door de activiteitnamen te vereenvoudigen, zijn ze gemakkelijker te lezen, te verwerken en in één oogopslag te begrijpen, waardoor belanghebbenden de hoofdactiviteiten van het proces snel kunnen vatten.

| No | Typische activiteitnamen | Eenvoudige versie |
|---|---|---|
| 1 | Beoordeel de ingediende aanvraag | Beoordeel aanvraag |
| 2 | Voltooi de achtergrondcontrole | Voltooi achtergrondcontrole |
| 3 | Stel het budgetrapport ter goedkeuring op | Stel budgetrapport op |
| 4 | Voer het sollicitatiegesprek met de kandidaat | Voer sollicitatiegesprek |
| 5 | Beoordeel de kwaliteit van het resultaat | Beoordeel resultaat |
| 6 | Keur het budget voor de afdeling goed | Keur budget goed |

Fig6.1 Voorbeelden van typische Eenvoudige Activiteitsnamen

# Technieken om Eenvoud te bereiken

## b. Het verwijderen van rolnamen uit de activiteitbeschrijving

Rollen en verantwoordelijkheden zijn al duidelijk vanuit de zwembaan waar de activiteit in staat. Beschrijf de rolnaam daarom niet in de activiteitbeschrijving. Schrijf bijvoorbeeld in plaats van "Manager keurt factuur goed" gewoon "Keur factuur". Dit voorkomt redundantie en maakt het model eenvoudiger en overzichtelijker.

| No | Typische activiteitnamen | Eenvoudige versie |
|---|---|---|
| 1 | Manager beoordeelt aanvraag | Beoordeel aanvraag |
| 2 | HR verstuurt aanbiedingsbrief | Verstuur aanbiedingsbrief |
| 3 | Supervisor voltooit prestatie-beoordeling | Voltooi prestatiebeoordeling |
| 4 | Teamleider stelt budgetrapport op | Stel budgetrapport op |
| 5 | Coördinator plant interview in | Plan interview |
| 6 | Directeur keurt projectplan goed | Keur Projectplan goed |

Fig6.2 Voorbeelden van typische Eenvoudige Activiteitsnamen

# Technieken om Eenvoud te bereiken

### c. Gebruik zo min mogelijk exclusieve gateways

Vereenvoudig uw beslispunten waar mogelijk. In plaats van meerdere exclusieve gateways achter elkaar te gebruiken, combineer ze tot één en definieer specifiekere uitgaande paden. Gebruik bijvoorbeeld in plaats van twee opeenvolgende exclusieve gateways één gateway met duidelijk gedefinieerde paden op basis van voorwaarden.

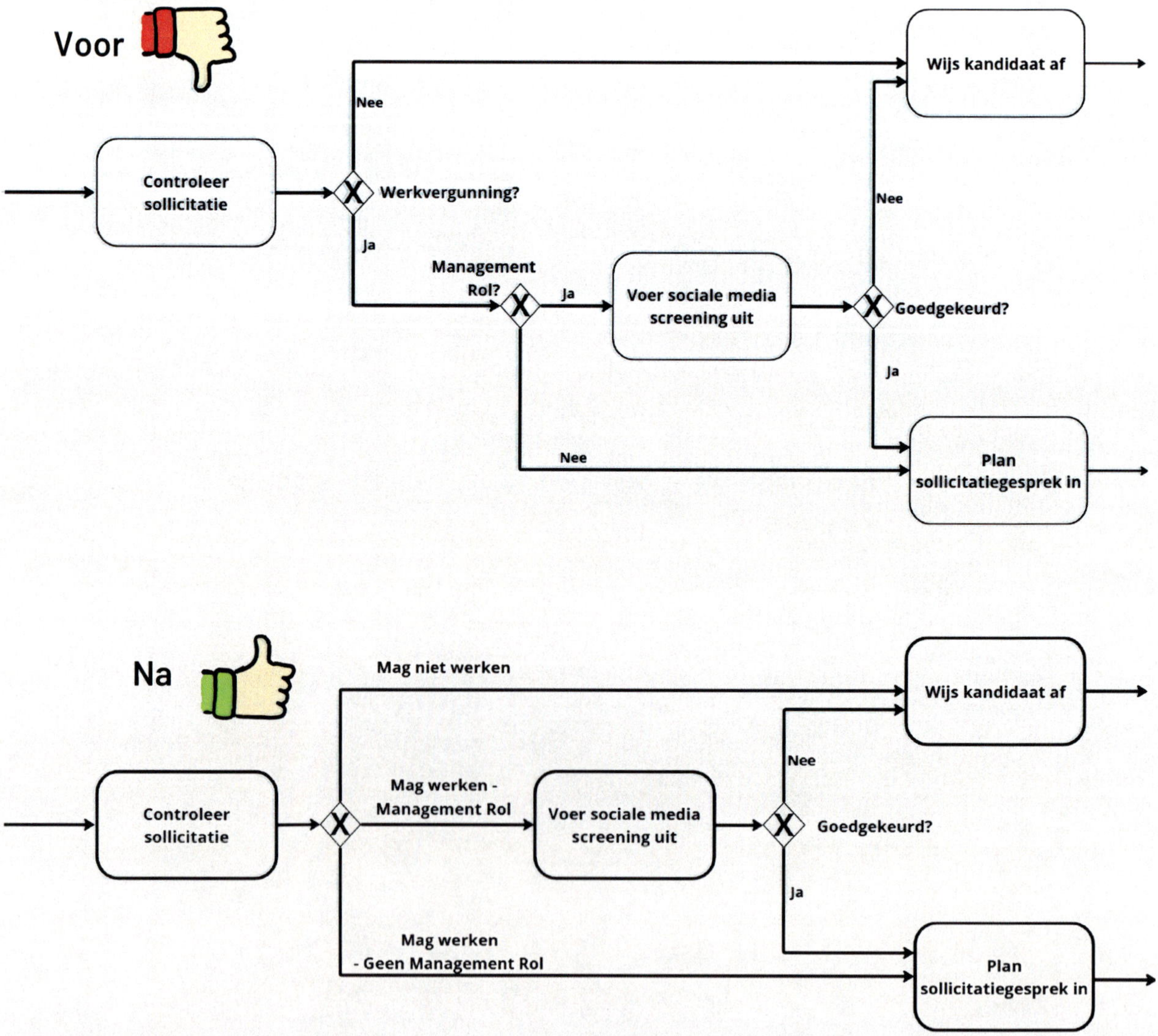


Fig6.3: Het verminderen van gateways door het gebruik van specifieke uitgaande paden

# Technieken om Eenvoud te bereiken

### d. Gebruik alleen de basisnotaties

Het idee is dat minder meer is. Deze aanpak zorgt ervoor dat het model veelzijdig en helder blijft, met de focus op efficiënte communicatie met minder notaties. In Process-bility gaat het niet om het gebruik van meer symbolen—het gaat erom hoe duidelijk u het proces kunt overbrengen. Door het eenvoudig te houden, hebben belanghebbenden minder training nodig en kunnen ze het model gemakkelijker omarmen, wat zorgt voor een soepelere samenwerking en snellere acceptatie binnen de organisatie

| No | Hoofdelement | Elementen |
|---|---|---|
| 1 | Event (Gebeurtenis) | Niet-gespecificeerde Start Event |
| | | Niet-gespecificeerde End Event |
| | | Niet-gespecificeerde Intermediate Event |
| 2 | Activity (Activiteit) | Activiteit/Taak |
| | | Subproces |
| 3 | Gateway (Keuze) | Exclusive branch gateway |
| | | Parallelle Gateway |
| | | Inclusive Gateway |
| | | Event based gateway |
| 4 | Swimlane (Zwembaan) | Pool, Externe Pool, Swimlane |
| 5 | Connecting Lines (Stroomlijnen) | Verbindingsstroom, bericht en associatie |

Fig6.4 BPMN Basisnotaties

# Technieken om Eenvoud te bereiken

## e. Beperk de grootte van het model tot A3 (monitorleesbaar)

Een groot, uitgestrekt BPMN-model is moeilijk te navigeren en te interpreteren. Beperk de grootte tot een A3-pagina, die gemakkelijk te bekijken is op een standaardmonitor. Dit zorgt ervoor dat belanghebbenden het volledige proces kunnen zien zonder in of uit te zoomen of te scrollen.

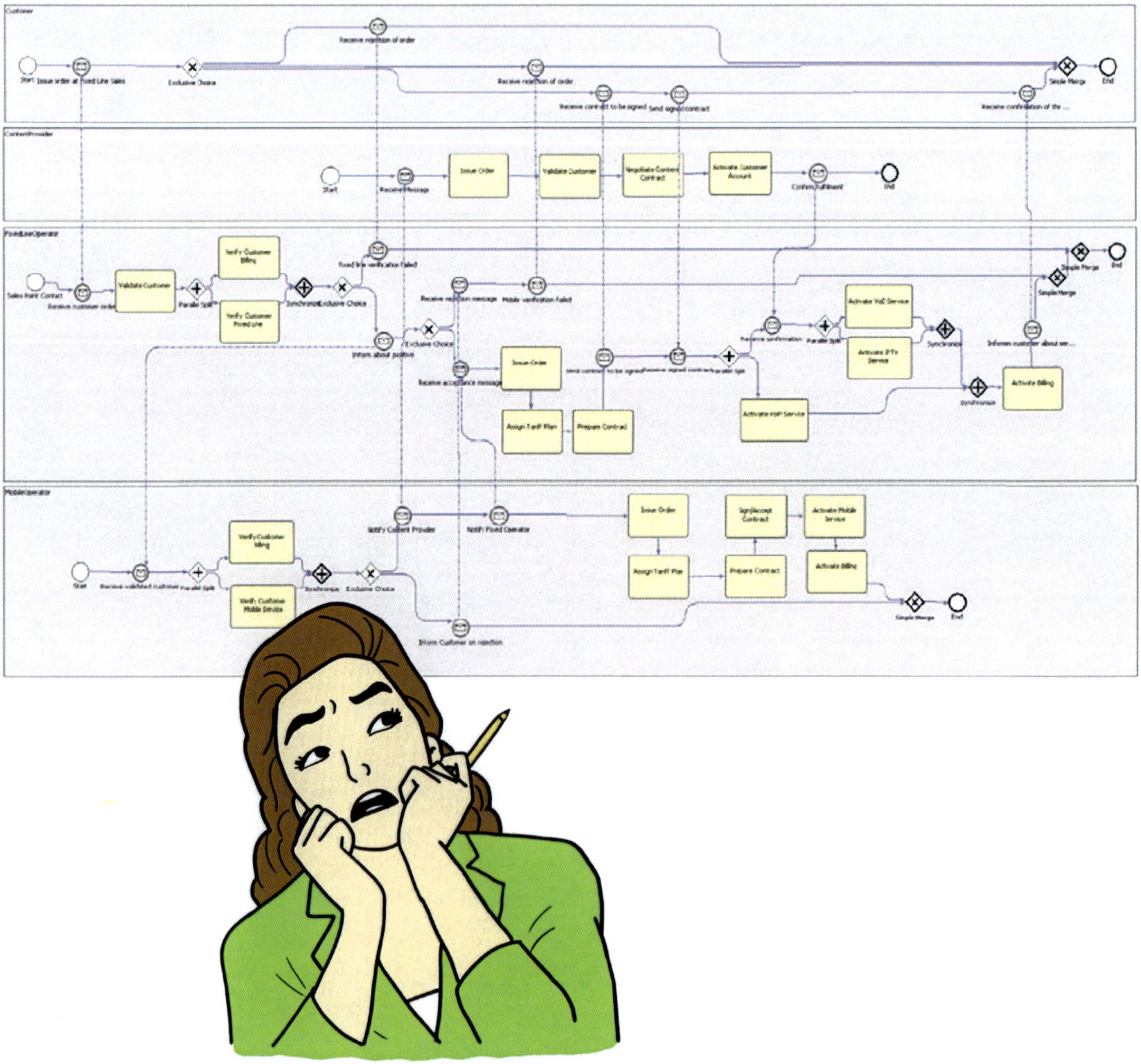

Fig6.5: Gigantisch BPMN-model dat niemand behalve de modelleerder de moeite neemt te begrijpen

# Technieken om Eenvoud te bereiken

### f. Gebruik van taaktypen in Process-bility

In Process-bility wordt het meest voorkomende taaktype, de gebruikerstaak, opzettelijk leeg gelaten in plaats van het pictogram ervan weer te geven. Hierdoor wordt het model nog eenvoudiger en voorkom je visuele rommel. Pictogrammen voor taaktypen moeten alleen worden weergegeven wanneer de taak geen gebruikerstaak is. Dit zorgt ervoor dat de aandacht wordt gevestigd op taken die afwijken van de norm, terwijl de eenvoud voor typische gebruikersactiviteiten behouden blijft.

### g. Vermeld geen systemen in de activiteitbeschrijving

Net als bij de rolnamen is het niet nodig om het systeem of de applicatie in de beschrijving van de activiteit te vermelden. Systemen moeten visueel worden weergegeven binnen het BPMN-model zelf. Dit houdt de focus op de actie. De identificatie van het systeem wordt door de andere visuele elementen in het model duidelijk gemaakt. Ook hiermee wordt het model weer eenvoudiger en duidelijker.

| No | Typische activiteitnamen | Eenvoudige versie |
|---|---|---|
| 1 | Verzend verlofaanvraag via HRMS | Verzend verlofaanvraag |
| 2 | Keur inkooporder goed in SAP | Keur inkooporder goed |
| 3 | Werk klantgegevens bij in SalesForce | Werk klantgegevens bij |
| 4 | Genereer financiële rapportage met QuickBooks | Genereer financiële rapportage |
| 5 | Upload documenten naar SharePoint | Upload document |

Fig6.7 Voorbeelden van activiteiten met en zonder systeem/app in de activiteitnaam

# Afsluitende Gedachten

Hoewel eenvoud het doel is, is het belangrijk om niet te veel te vereenvoudigen. De sleutel is om voldoende detail te bieden om het proces nauwkeurig weer te geven, zonder het model te overladen met overbodige informatie. Process-bility zorgt ervoor dat elk opgenomen detail noodzakelijk is en waarde toevoegt, waardoor de perfecte balans wordt gevonden tussen helderheid en volledigheid.

Eenvoud vormt de kern van Process-bility, waardoor elk BPMN-model dient als een duidelijke en actiegerichte leidraad. Door alleen te focussen op essentiële elementen, onnodige complexiteit te verwijderen en visuele helderheid te behouden, stellen we belanghebbenden in staat om snel en effectief met het proces aan de slag te gaan. Eenvoud maakt modellen niet alleen gemakkelijker te lezen—het stelt organisaties in staat om met precisie te handelen, waardoor continue verbetering en snellere probleemoplossing mogelijk worden.

Eenvoud is niet alleen een principe, het is een praktijk. In het volgende hoofdstuk, Eenvoud in Actie, zullen we dieper ingaan op praktijkvoorbeelden en voor-en-na-modellen onderzoeken. Die modellen laten zien hoe deze technieken complexe diagrammen transformeren in intuïtieve, gestroomlijnde workflows. Zie hoe eenvoud in BPMN-modellering uw processen transformeert en hun potentieel maximaliseert

Hoofdstuk 7

# Eenvoud in de Praktijk

- **BPMN-modellen verbeteren met eenvoud**
    - **Casus 1:**
      Een typisch complex BPMN-model
    - **Casus 2:**
      Gebruikerstaaktype met lange beschrijving
    - **Casus 3:**
      Een enorm spaghetti-BPMN-model
    - **Casus 4:**
      Veelvoorkomende slechte praktijken bij goedkeuren/ afwijzen
    - **Casus 5:**
      Gateways verminderen

# Verbetering van BPMN-modellen met eenvoud: Casus 1 - Voor

## Voor

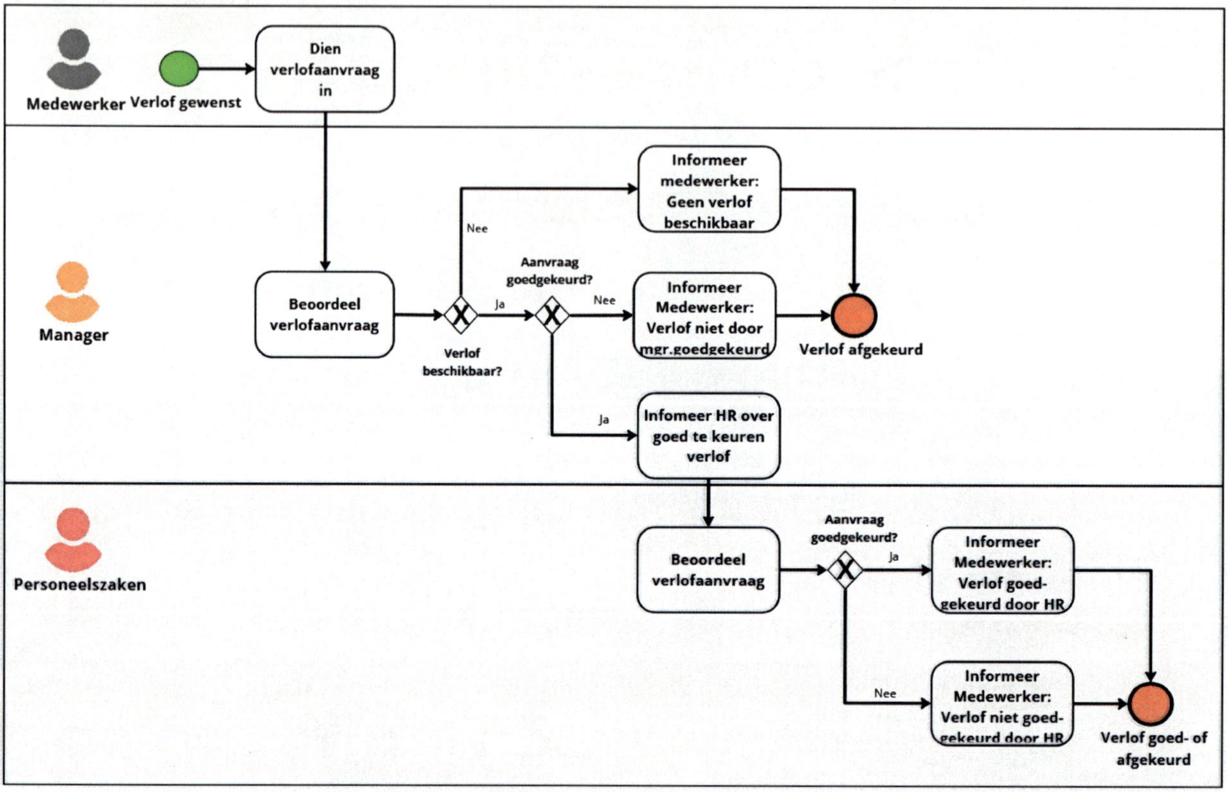


Fig7.1: Het 'Voor'-model van een verlofaanvraagproces

Dit "Voor"-BPMN-model illustreert een verlofaanvraagproces dat meerdere beslispunten en notificaties bevat. Hoewel het model technisch correct is, bevat het redundante elementen, overmatige gateways en overdreven gedetailleerde stappen die de stroom compliceren. Deze mate van complexiteit kan het voor belanghebbenden moeilijk maken om het proces in één oogopslag te volgen. Door technieken voor eenvoud toe te passen, kunnen we dit model verfijnen om te focussen op de essentiële taken, de beslissingspaden te stroomlijnen en onnodige elementen te elimineren, wat resulteert in een duidelijkere, efficiëntere weergave van het proces.

## Transformatie van BPMN-modellen met eenvoud: Casus 1 - Na

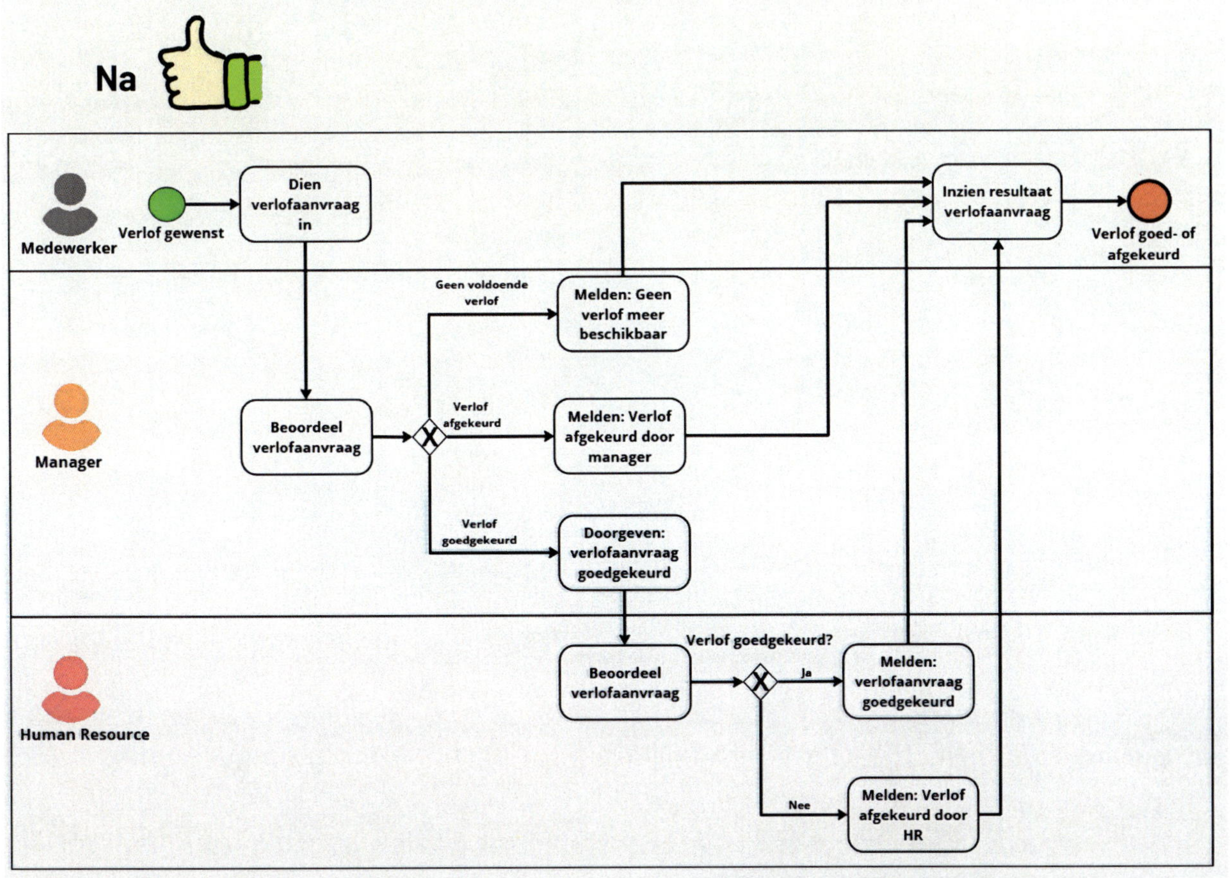


Fig7.2: Het 'Na'-model van een verlofaanvraagproces

In het "Na"-model zijn de belangrijkste technieken voor eenvoud als volgt toegepast:

1. Gestroomlijnde activiteitnamen: Onnodige woorden zijn verwijderd voor beknopte labels.
2. Rolnamen verwijderd uit activiteitbeschrijvingen: Omdat rollen al visueel in zwembanen staan, zijn rolnamen binnen activiteiten overbodig.
3. Minder exclusieve gateways gebruikt: Het aantal gateways is verminderd om een meer gestroomlijnde stroom te creëren, waardoor het model gemakkelijker te volgen is

Deze wijzigingen resulteren in een schoner, intuïtiever model dat sneller te begrijpen en te gebruiken is, waardoor belanghebbenden zich kunnen concentreren op essentiële beslispunten en resultaten. Deze aanpak is vooral nuttig in complexe workflows waar duidelijkheid cruciaal is voor zowel communicatie als effectief procesbeheer.

## Transformatie van BPMN-modellen met eenvoud: Casus 2

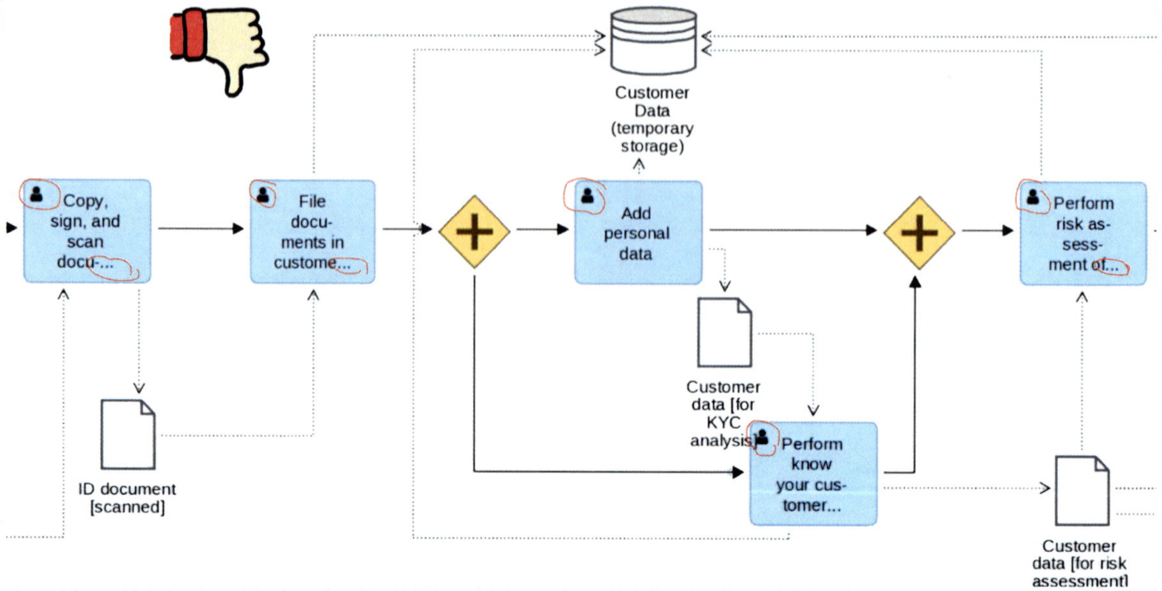


Fig7.3: Praktijkmodel met onnodig gebruikerstaaktype en een lange beschrijving van de activiteit

Dit BPMN-model illustreert een mogelijkheid tot vereenvoudiging door twee belangrijke gebieden aan te pakken:

1. **Het weglaten van het gebruikerstaaktype:** Aangezien gebruikerstaken het meest voorkomende taaktype in dit model zijn, kunnen ze worden weggelaten uit de activiteitpictogrammen om visuele warboel te verminderen. Hierdoor kunnen kijkers zich concentreren op de processtroom zonder te worden afgeleid door herhaalde symbolen
2. **Het stroomlijnen van taaknamen:** De taaknamen overschrijden momenteel de ruimte binnen de taakvakken, waardoor het model moeilijker leesbaar is. Door kortere, meer beknopte taaknamen te gebruiken, kunnen we een schonere, beter georganiseerde lay-out creëren. Bijvoorbeeld, "Documenten kopiëren, ondertekenen en scannen" kan eenvoudigweg "ID-document archiveren" worden. Deze aanpak verbetert de leesbaarheid, waardoor belanghebbenden elke stap van het proces snel kunnen begrijpen.

Het toepassen van deze technieken maakt van het model een visueel gestroomlijnd en gemakkelijk te begrijpen model. Dit is met de nadruk van Process-bility op eenvoud en helderheid.

## Transformatie van BPMN-modellen met eenvoud: Casus 3

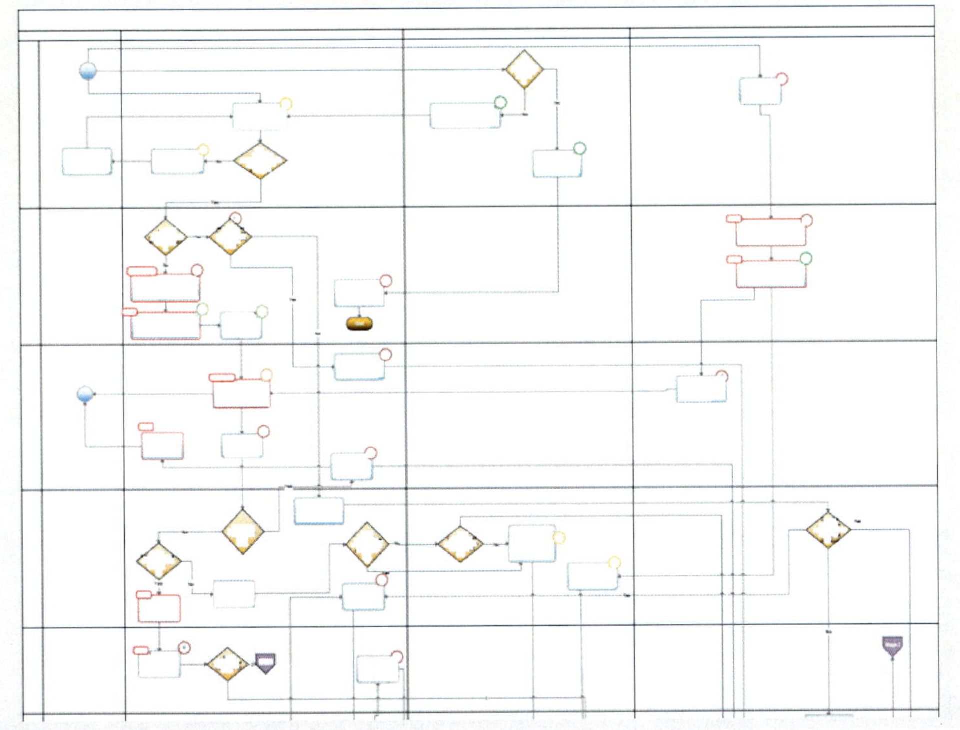

Fig7.4: Een daadwerkelijk klachtenbeheerproces van een financiële instelling
((Gepubliceerd met toestemming - Details gemaskeerd)

Dit procesmodel voor klachtenbeheer is een voorbeeld van hoe overmatige complexiteit een BPMN-model ineffectief kan maken. Met talrijke gateways, overlappende paden en verspreide notaties maakt de visuele rommel het voor elke lezer moeilijk om de processtroom te volgen of te begrijpen. Hoewel het technisch de stappen voor klachtenafhandeling weergeeft, creëert het overmatig gebruik van notaties en gedetailleerde paden eerder verwarring dan duidelijkheid.

Wanneer BPMN-modellen dit niveau van complexiteit bereiken, dienen ze niet langer hun doel als communicatiemiddel. In plaats daarvan worden ze een barrière voor begrip, waardoor het nut van het model wordt beperkt voor belanghebbenden die bruikbare inzichten nodig hebben. Door middel van Process-bility streven we ernaar dergelijke modellen te transformeren in gestroomlijnde, lezersvriendelijke visuals door te focussen op eenvoud, storytelling en helderheid—waardoor complexe processen uiteindelijk worden omgezet in bruikbare, intuïtieve inzichten.

**Transformatie van BPMN-modellen met eenvoud: Casus 4 Opdracht**

Stel je voor dat je een Business Analist bent die de opdracht heeft gekregen om het bedrijfsproces voor een sollicitatiebeoordeling te modelleren. In dit proces is de Wervingsmanager verantwoordelijk voor het beoordelen van de sollicitatie van elke kandidaat. Na de beoordeling moet de manager een beslissing nemen over het goedkeuren of afwijzen van de sollicitatie.

- Goedkeuring: Als de sollicitatie wordt goedgekeurd, plant de Wervingsmanager een sollicitatiegesprek in met de kandidaat.
- Afwijzing: Als de sollicitatie wordt afgewezen, informeert de Wervingsmanager de kandidaat over de afwijzing.

Kijk nog niet naar de volgende pagina voordat je de tijd hebt genomen om het model te maken op basis van dit scenario. Op de volgende pagina zullen we eerst een typische aanpak bekijken en vervolgens de Process-bility-aanpak om te zien hoe eenvoud en helderheid kunnen worden verbeterd.

## Transformatie van BPMN-modellen met eenvoud: Casus 4 uitwerking

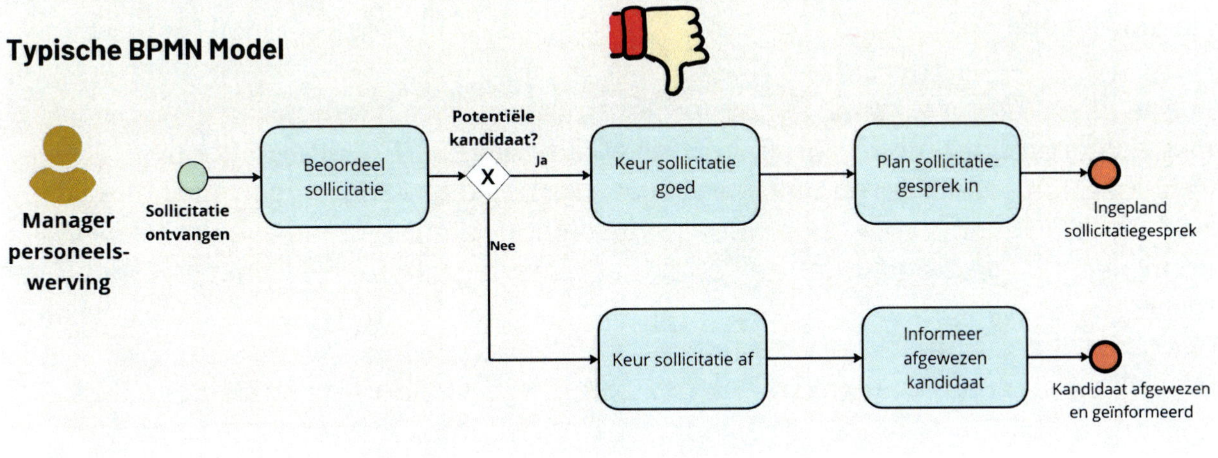


Fig7.5: Standaard overmatig gedetailleerd BPMN-model - goedkeuring/afwijzing

Let op dat na de activiteit 'Beoordeel sollicitatie' vaak aparte activiteiten worden toegevoegd voor 'Keur sollicitatie goed' en 'Keur sollicitatie af'. Dit is een veelgemaakte fout. Deze beslissingen horen binnen de beoordeling zelf, waardoor het model onnodig complex wordt met extra, overbodige taken.

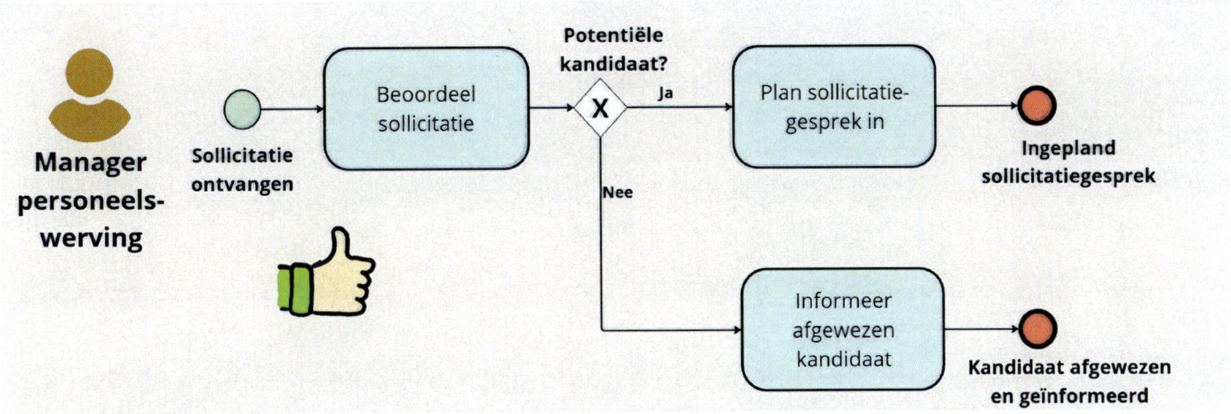


Fig7.6: Process-bility-aanpak - Goedkeuring/afwijzing is een integraal onderdeel van de beoordelingsactiviteit

Met Process-bility wordt het principe van eenvoud toegepast door de goedkeurings- en afwijzingsacties direct te integreren in de taak "Beoordeel sollicitatie". Nu leidt de beslissingsgateway direct naar het inplannen van het sollicitatiegesprek (bij een Ja op Potentiële kandidaat) of het informeren van de afgewezen kandidaat (bij een Nee). Deze gestroomlijnde aanpak vermindert het aantal taken en verduidelijkt de processtroom, waardoor het model gemakkelijker te lezen en te begrijpen is zonder essentiële informatie te verliezen.

**Transformatie van BPMN-modellen met eenvoud: Casus 5 - Gateways verminderen**

In een sollicitatieproces is, na het verifiëren van de kwalificaties van een kandidaat, een achtergrondcontrole verplicht voor elke sollicitant. Bovendien kunnen kandidaten die solliciteren naar bepaalde functies een verklaring omtrent het gedrag (VOG) voor het werken met kinderen nodig hebben. Als alle vereiste controles zijn geslaagd, gaat de kandidaat door naar de fase van het inplannen van het sollicitatiegesprek.

Wat dit scenario uniek maakt, is de flexibiliteit in de volgorde van de controles. De achtergrondcontrole en de VOG voor het werken met kinderen kunnen voor, na of zelfs gelijktijdig plaatsvinden, afhankelijk van de workflowvereisten en de beschikbaarheid van middelen. Als een kandidaat niet slaagt voor de achtergrondcontrole of de VOG voor het werken met kinderen, ontvangt hij of zij een afwijzingsbericht. Deze aanpasbare opzet daagt traditionele procesmodelleringsbenaderingen uit, wat vaak resulteert in overdreven complexe BPMN-modellen die vertrouwen op meerdere exclusieve gateways en er niet in slagen de natuurlijke flexibiliteit van de stroom vast te leggen.

## Uitdaging:

Voordat we verdergaan, neem even de tijd om dit scenario zelf te modelleren. Denk na over de nuances—de flexibiliteit in de volgorde, de verplichte controles en de mogelijke resultaten. Probeer dit vast te leggen in BPMN zonder naar de volgende pagina te kijken. Vergeet niet dat je model het proces duidelijk en beknopt moet communiceren, met een focus op zowel eenvoud, visuele balans als nauwkeurigheid

Probeer het zelf!
Als je klaar bent, sla de pagina om om een typische BPMN-aanpak te zien en vervolgens de gestroomlijnde Process-bility-versie.

# Transformatie van BPMN-modellen met eenvoud: Casus 5 - Gateways verminderen

## Typisch BPMN model

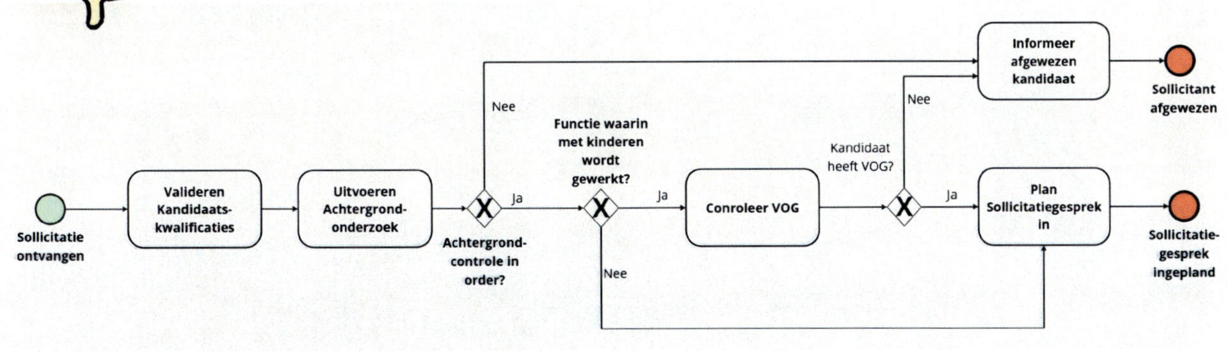


Fig7.7: Overmatige vereenvoudiging van het bedrijfsproces in een complex BPMN-model

## BPMN model met Process-bility

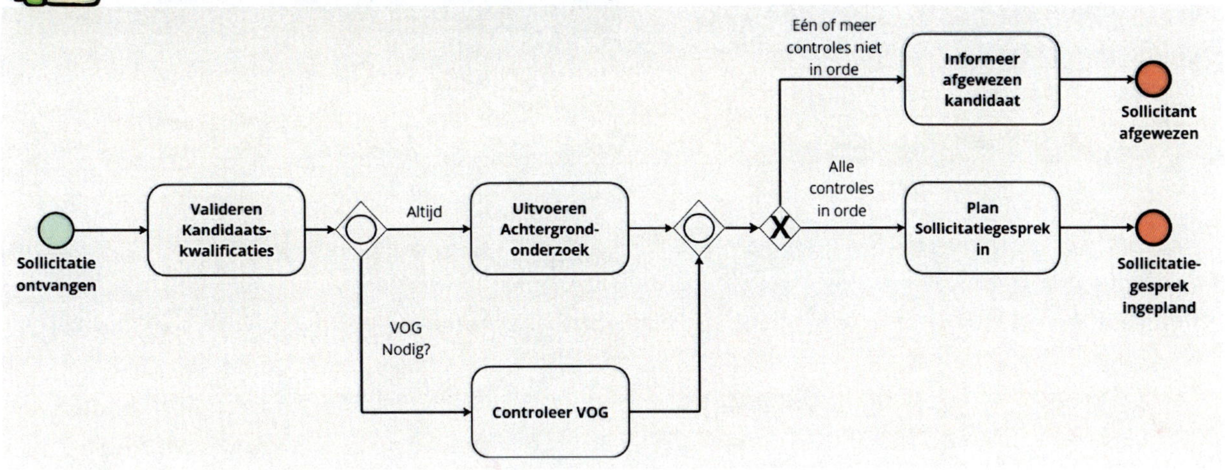


Fig7.8: Een complex bedrijfsproces modelleren met een eenvoudig model - de balans tussen eenvoud en volledigheid

“Als je niet kunt beschrijven
wat je doet,
dan weet je niet wat je doet.”

W.E. Deming

Hoofdstuk 8

# Verhalen vertellen met Process-bility

- **Storytelling: Breng procesmodellen tot leven**
- **Storytellingtechnieken voor processtructuur**
  - Identificeren van het focusobject
  - Het vormgeven van de reis
  - Analogie: The Lord of the Rings
  - Opsplitsen in subprocessen
- **Modelleringsspecifieke storytellingtechnieken**
  - Werkwoord + objectbenaming voor activiteiten
  - Zelfstandig naamwoord + voltooid deelwoord voor events
  - Vermijd rolnaam in activiteitbenaming
  - Geef Start- en end-event een Betekenisvolle naam
  - Gebruik van intermediate events zonder type aanduiding
  - Start- en end-events uitlijnen over gekoppelde procesmodellen
- **De voordelen van storytelling in BPMN**
- **Slotgedachten**

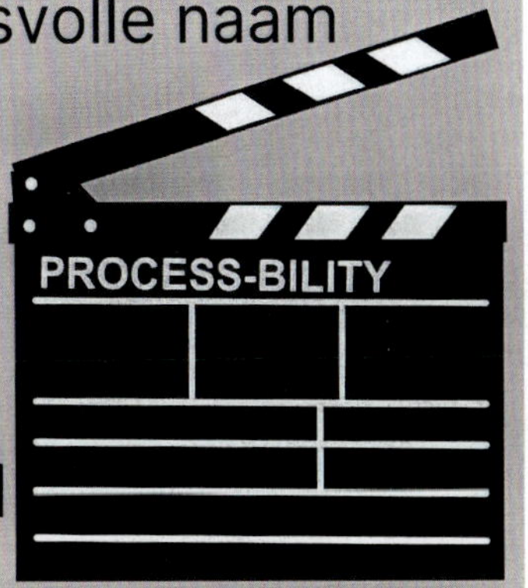

# Storytelling: Breng procesmodellen tot leven

In de kern van elk effectief BPMN-model ligt een zakelijk verhaal dat met helderheid wordt verteld. Storytelling is de basis van Process-bility, en het is de manier waarop we processen begrijpen, belanghebbenden op één lijn brengen en echte verandering stimuleren. Storytelling in BPMN gaat echter niet alleen over het aaneenrijgen van taken en activiteiten—het gaat over het overbrengen van de reis van een focusobject, het waarborgen van helderheid en het begrijpelijk maken van processen voor iedereen, van businessanalisten tot zakelijke gebruikers.

Fig8.1 Storytelling: Breng procesmodellen tot leven

In Process-bility omvat storytelling twee belangrijke aspecten: technieken voor processtructuur en modelleringsspecifieke technieken. De combinatie van deze twee benaderingen zorgt ervoor dat uw procesmodellen zowel functioneel als boeiend zijn. Door processen duidelijk te structureren en consistente naamgevingsconventies, visuele balans en eenvoud te gebruiken, worden de verhalen van de bedrijfsprocessen tot leven gebracht.

# Storytellingtechnieken voor processtructuur

Bij het maken van BPMN-modellen met Process-bility speelt de structuur van uw model een cruciale rol bij het vertellen van het verhaal van het proces. De manier waarop processen worden opgesplitst, gekoppeld en gevisualiseerd, biedt het publiek een duidelijk pad om de volgorde van activiteiten, rollen en resultaten te begrijpen. Deze structurele keuzes helpen bij het creëren van een procesnarratief dat belanghebbenden op alle niveaus kunnen volgen, waardoor helderheid van begin tot eind wordt gewaarborgd.

In de kern van deze structuur staat het focusobject—elk proces heeft er één. Door uw model te centreren rond dit hoofdobject, behoudt u een duidelijk, boeiend narratief.

De volgende storytellingtechnieken voor processtructuur zorgen ervoor dat uw modellen niet alleen taken documenteren—ze vertellen een samenhangend verhaal dat belanghebbenden door elke fase van het proces leidt.

## 1. Het identificeren van het focusobject

Elk verhaal heeft een hoofdpersoon, en in de context van BPMN is de hoofdpersoon het object of de entiteit die wordt gevolgd of verwerkt. Dit kan van alles zijn, van een factuur, een klantorder, een contract of zelfs een klacht.

In elk proces of subproces is er altijd minstens één object dat het focuspunt is. Het identificeren van dit object helpt om het narratief te structureren en het proces helder te houden. In een factuurgoedkeuringsproces is de factuur bijvoorbeeld het centrale object. Van het begin van het proces (indienen van de factuur) tot het einde (betaling of afwijzing) beïnvloedt elke activiteit de status van dit object.

Bij het maken van een BPMN-model is het cruciaal om het focusobject te identificeren om ervoor te zorgen dat het proces eromheen draait. Deze aanpak biedt duidelijkheid aan de lezer en zorgt ervoor dat het proces in lijn blijft met zijn doel.

Fig8.2 Focusobject

## 2. Het vormgeven van de reis

Zodra je het focusobject hebt geïdentificeerd, is de volgende stap het vormgeven van de reis die het object door het proces aflegt. Dit is waar storytelling en Process-bility echt tot hun recht komen.

Een proces heeft, net als een verhaal, een begin, midden en einde. Het doel is om de reis in kaart te brengen die het object aflegt van de ene toestand naar de andere. Om deze reis effectief vorm te geven, is het belangrijk ervoor te zorgen dat het proces duidelijk, logisch en gestructureerd is op een manier die zinvol is.

Hier zijn enkele principes voor het structureren van processen voor maximale helderheid:

- Begin met het begin: Waar begint het proces? Welke gebeurtenis triggert het proces?
- Verduidelijk de stroom: Welke activiteiten of taken doorloopt het object naarmate het verder gaat?
- Identificeer belangrijke beslissingen: Waar zijn de beslispunten en hoe beïnvloeden ze de stroom van het proces?
- Houd het einde in gedachten: Wat is het eindresultaat? Wordt het proces afgerond en zo ja, hoe?

Door het proces als een verhaal te behandelen, zorgen we ervoor dat het zowel begrijpelijk als effectief is voor het beoogde publiek.

Fig8.3 De Reis naar het Westen

### 3. The Lord of the Rings Analogie

Om beter te begrijpen hoe het focusobject in storytelling in BPMN werkt, gebruiken we een bekende analogie: The Lord of the Rings.

Fig8.4 LOTR Analogie

In dit epische verhaal is de Ring het centrale focusobject. De reis draait om het brengen van de Ring van de Gouw naar Mount Doom, waar hij zal worden vernietigd. Onderweg komen verschillende personages in contact met de Ring: Frodo draagt hem, Gandalf geeft er advies over en de schurken jagen erop. Ondanks alle personages en gebeurtenissen in het verhaal, blijft de reis van de Ring het focuspunt.

Op dezelfde manier is in BPMN de "Ring" van je proces het object dat je volgt, zoals een klantorder of factuur. De reis die het object door het proces aflegt, is cruciaal. Onderweg beïnvloeden verschillende rollen en taken de status van het object, maar het object zelf blijft centraal.

Net zoals de reis van de Ring het verhaal van The Lord of the Rings leidt, leidt de reis van het object het verhaal van je BPMN-model. Het begrijpen hiervan helpt om duidelijkheid te scheppen in je procesmodellen en maakt het verhaal gemakkelijker te volgen.

## 4. Opsplitsen in subprocessen

De essentie van bedrijfsprocesmodellering is de kunst van het samenstellen van activiteiten op het juiste detailniveau. Een van de krachtigste technieken in Process-bility is het gebruik van ontleding—het opsplitsen van complexe processen in kleinere, beter behapbare delen door het gebruik van subprocessen.

Beschouw ontleding als het opdelen van een boek in hoofdstukken. Elk hoofdstuk (of subproces) bevat een specifiek deel van het verhaal, maar draagt allemaal bij aan het grotere geheel. Dit is vooral handig bij complexe workflows of processen die meerdere afdelingen omvatten of gedetailleerde taken vereisen.

### Wanneer gebruik je subprocessen

- Het proces is te groot om duidelijk op één pagina/scherm te passen (ongeveer A3-formaat).
- Verschillende teams of afdelingen behandelen afzonderlijke delen van het proces.
- Je moet inzoomen op meer gedetailleerde taken zonder het hoofdprocesmodel te overladen.

### Hoe gebruik je Subprocessen

Bij het gebruik van subprocessen is de truc om ervoor te zorgen dat activiteiten op hetzelfde detailniveau bij elkaar worden gegroepeerd. Zie dit als ervoor zorgen dat elk hoofdstuk in een boek een samenhangend deel van het verhaal vertelt.

Door de details van elk subproces binnen zijn eigen "hoofdstuk" te houden, voorkom je dat het hoofdproces te vol raakt, terwijl je toch het nodige detailniveau biedt wanneer dat nodig is.

**Modelleringsspecifieke storytellingtechnieken**

Bij het maken van een BPMN-model met Process-bility is het belangrijk te onthouden dat de manier waarop elementen worden benoemd, gestructureerd en visueel weergegeven, allemaal bijdragen aan het algehele verhaal van het proces. De volgende modelleringsspecifieke technieken zorgen ervoor dat het verhaal achter het proces duidelijk en effectief wordt overgebracht.

**1. Werkwoord + objectbenamingsconventie voor activiteiten/taken, subprocessen en procesnamen**

**Techniek:**
Benoem activiteiten, taken, subprocessen en het algehele proces altijd met behulp van het werkwoord + objectformaat (bijvoorbeeld "Factuur goedkeuren", "Offerte verzenden").

Fig8.5 Verb + Object

**Reden:**
Dit formaat benadrukt actie en object, waardoor direct duidelijk is wat de taak is. Het elimineert ambiguïteit en focust op wat er wordt gedaan.

Deze structuur zorgt ervoor dat de focus ligt op wat de activiteit bereikt, zonder onnodige details zoals hoe, waarom, wie of wanneer. Duidelijke activiteitnamen zorgen voor betere storytelling, waarbij de actie het proces vooruitstuwt.

## 2. Het concept "Focus op het Wat":

Fig8.6 WAT, nie HOE

### Het verhaal van de gestrande man

Stel je een man voor die gestrand is op een eiland en wanhopig de aandacht probeert te trekken van een reddings-helikopter die boven hem vliegt.
Om hulp te krijgen, maakt hij een vuur in de hoop dat de rook de aandacht van de helikopter trekt. Het belangrijkste doel is hier niet hoe hij een signaal geeft voor hulp—het gaat om het wat: aandacht krijgen om gered te worden.

Als we dit scenario onjuist zouden beschrijven door ons te richten op het hoe, zouden we kunnen zeggen:

**"Maak vuur" of "Creëer rook"**

Hoewel deze specifieke acties beschrijven, missen ze het grotere punt. Het uiteindelijke doel is niet alleen om rook te maken—het is om aandacht te trekken en hulp te krijgen. Daarom zou de correcte benaming moeten zijn:

**"Trek aandacht voor redding" of beter "Trek aandacht"**

Dit sluit aan bij het "Focus op het Wat"-concept: acties benoemen op basis van wat ze willen bereiken, niet de exacte methode die wordt gebruikt. De man zou kunnen signaleren met een vuurpijl, een spiegel of door met zijn armen te zwaaien—het doel blijft hetzelfde: aandacht trekken.

Deze aanpak zorgt ervoor dat de activiteit het doel weerspiegelt, waardoor deze aanpasbaar en duidelijk blijft.

### 3. Gebeurtenissen in zelfstandig naamwoord + voltooid deelwoord

Fig8.7 Vaas gebroken

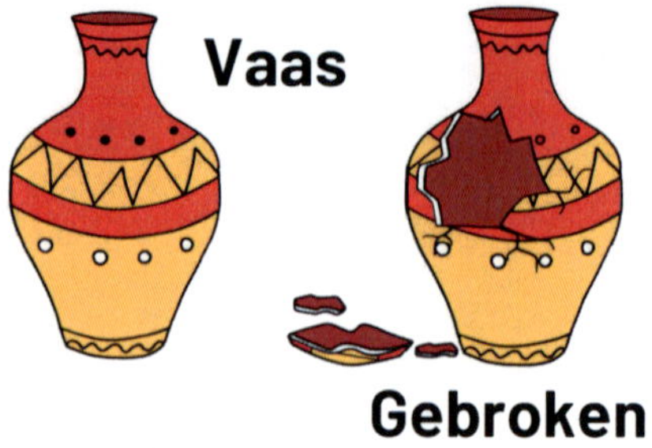


**Techniek:**
Gebruik het formaat zelfstandig naamwoord + voltooid deelwoord voor het benoemen van gebeurtenissen (bijvoorbeeld "Factuur ontvangen", "Goedkeuring verleend", “Vaas Gebroken”) of alleen een zelfstandig naamwoord.

**Reden:**
Deze structuur benadrukt dat iets al is gebeurd of voltooid. Het geeft de status van het object op dat moment in het proces weer. Bijvoorbeeld, "Factuur verzonden" vertelt de lezer dat de factuur al is verzonden, waardoor duidelijk wordt waar het proces zich bevindt en wat er vervolgens te verwachten is. Dit past ook in het storytellingaspect van proces-modellering, waarbij gebeurtenissen belangrijke punten in het verhaal signaleren."

### 4. Vermijd rolnaam in activiteitnamen

**Techniek:**
Vermijd het opnemen van rollen in activiteit-/taaknamen (bijvoorbeeld "Wervingsmanager beoordeelt sollicitatie"), tenzij de rol niet wordt weer-gegeven in een zwembaan.

**Reden:**
Rollen worden al visueel weergegeven in de zwembanen, dus het opnemen ervan in taaknamen voegt redundantie en rommel toe. Het doel is om taaknamen zo duidelijk en beknopt mogelijk te houden. Een uitzondering kan worden gemaakt als de rol cruciaal is voor het begrijpen van de taak en er geen zwembaan is voor die rol (bijvoorbeeld "Rapport indienen bij CEO" als de CEO geen zwembaan heeft)."

## 5. Start- en eindgebeurtenisbenaming met een Betekenisvolle naam

**Techniek:**
Geef start- en eindgebeurtenissen altijd betekenisvolle namen die de context van de gebeurtenis beschrijven. Vermijd algemene termen zoals "Start" of "Einde". Volg in plaats daarvan het formaat zelfstandig naamwoord + voltooid deelwoord (bijvoorbeeld "Bestelling geplaatst", "Bestelling uitgevoerd").

**Reden:**
Beschrijvende namen voor start- en eindgebeurtenissen bieden onmiddellijke context en maken duidelijk wat het proces triggert en welk resultaat wordt verwacht. Deze aanpak sluit aan bij het storytellingprincipe en zorgt ervoor dat elk proces een duidelijk begin en einde heeft. Bovendien helpt consistente naamgeving bij het handhaven van duidelijkheid en continuïteit wanneer processen over modellen heen worden gekoppeld.

## 6. Gebruik van tussentijdse gebeurtenissen zonder typeaanduiding

**Techniek:**
Gebruik ongetypeerde tussentijdse gebeurtenissen om belangrijke punten in de processtroom weer te geven (bijvoorbeeld "Offerte gevalideerd").

**Reden:**
Gebeurtenissen in BPMN zijn niet alleen plaatsaanduidingen—ze vertegenwoordigen betekenisvolle stadia/resultaten in de procesreis. Tussentijdse gebeurtenissen helpen het proces op te delen en context te bieden voor belangrijke resultaten van acties of veranderingen. Het gebruik van ongetypeerde gebeurtenissen geeft je flexibiliteit bij het definiëren van belangrijke momenten die cruciaal zijn voor storytelling, maar mogelijk niet gebonden zijn aan een specifiek BPMN-gebeurtenistype zoals een bericht of timer.

## 7. Start- en eindgebeurtenissen uitlijnen over gekoppelde procesmodellen

**Techniek:**
Bij het ontwerpen van BPMN-modellen is het essentieel om duidelijkheid en continuïteit te behouden tussen gekoppelde processen. In veel gevallen leidt de eindgebeurtenis van het ene proces direct tot de startgebeurtenis van een ander proces. Om een naadloze verbinding te creëren, moeten de namen van deze gebeurtenissen ofwel overeenkomen of duidelijk een relatie tussen de processen aangeven. Hier zijn de twee scenario's:

### Scenario 1: Exact dezelfde naam voor start- en eindgebeurtenissen

In sommige gevallen is de eindgebeurtenis van het ene proces exact hetzelfde als de startgebeurtenis van een ander proces. Dit gebeurt wanneer het resultaat van het ene proces van nature overgaat in het volgende zonder enige transformatie. Bijvoorbeeld, in een verkoopproces kan de eindgebeurtenis "Offerte verzonden" overeenkomen met de startgebeurtenis "Offerte verzonden" in het leveringsproces. Dit toont aan dat beide processen betrekking hebben op hetzelfde object en hetzelfde moment in de tijd, waardoor een naadloze overgang tussen beide wordt gewaarborgd.

Fig8.8 Identieke Start en Eind

**Scenario 2: Verschillende namen die gerelateerde gebeurtenissen weerspiegelen**

Er zijn situaties waarin de eindgebeurtenis van het ene proces en de startgebeurtenis van een ander proces gerelateerd zijn, maar verschillende namen hebben, omdat ze twee kanten van dezelfde interactie vertegenwoordigen. Bijvoorbeeld, de eindgebeurtenis "Offerte verzonden" in een verkoopproces kan overeenkomen met de startgebeurtenis "Offerte ontvangen" in een inkoopproces. Hoewel de namen verschillen, geven ze een duidelijke verbinding aan tussen de twee processen, wat de overdracht van hetzelfde object of dezelfde informatie signaleert.

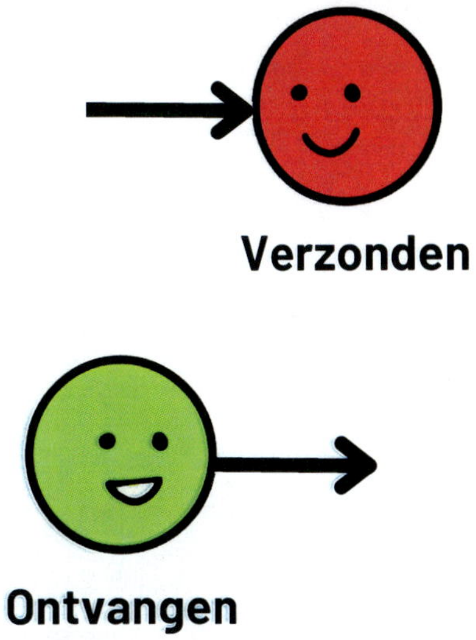


Fig8.9 Start en Eind "gespiegeld"

**Reden:**
Wanneer start-/eindgebeurtenisnamen consistent of duidelijk gerelateerd zijn, kunnen belanghebbenden gemakkelijk de stroom van het ene proces naar het andere volgen, waardoor verwarring wordt verminderd en soepelere overgangen worden gewaarborgd. Deze afstemming voorkomt ook hiaten in het begrip tussen verschillende teams of afdelingen, waardoor ze kunnen zien hoe hun werk past in het grotere procesverhaal. Het is een essentiële storytellingtechniek die de verbinding tussen processen versterkt en helpt een samenhangende bedrijfsstroom te behouden

# De Voordelen Van Storytelling in BPMN

Door de principes van storytelling toe te passen, worden uw BPMN-modellen niet alleen boeiender, maar ook veel gemakkelijker te begrijpen. Process-bility zorgt ervoor dat elk proces een duidelijk verhaal heeft, met een goed gedefinieerde hoofdpersoon, een gestructureerde reis en, indien nodig, ontlede subprocessen.

Deze storytellingaanpak zorgt ervoor dat uw BPMN-modellen meer zijn dan alleen technische documenten—ze worden krachtige hulpmiddelen voor communicatie, samenwerking en procesverbetering.

## Afsluitende Gedachten

Storytelling is de ruggengraat van elk succesvol BPMN-model. Het transformeert een verzameling activiteiten, beslissingen en gebeurtenissen in een samenhangend proces dat belanghebbenden gemakkelijk kunnen volgen. Door het focusobject te identificeren, een duidelijk verhaal te creëren en het proces zo te structureren dat het op elk niveau begrijpelijk is, zorgen we ervoor dat onze modellen iedereen aanspreken, van zakelijke gebruikers tot technische teams.

Maar het begrijpen van de principes van storytelling is slechts het begin. In het volgende hoofdstuk zullen we dieper ingaan op hoe we zowel processtructuur- als modelleringsspecifieke storytellingtechnieken toepassen in realistische BPMN-modellen. U zult praktische voorbeelden zien van hoe Process-bility theorie in praktijk brengt, waardoor modellen worden gecreëerd die duidelijk communiceren met behoud van de integriteit van het bedrijfsproces. Laten we onderzoeken hoe we deze verhalen tot leven kunnen brengen in uw bedrijfsprocesmodellen.

Hoofdstuk 9

# Storytelling In de Praktijk

- Casus 1: Het transformeren van een burgerschapsaanvraagproces
- Casus 2: Het vormgeven van de reis - van procesweergave op niveau 3 naar niveau 4
- Afsluitende Gedachten

> **Maak een model om het proces te verduidelijken en inzicht te geven, niet om je vaardigheden van modelleren te demonstreren.**

## Casus 1: Het transformeren van een burgerschapsaanvraagproces

In deze sectie zullen we demonstreren hoe storytellingprincipes BPMN-modellen kunnen verbeteren aan de hand van een realistisch scenario: het burgerschapsaanvraagproces. Het oorspronkelijke model presenteert een gedetailleerde, laag-niveau weergave van het proces. Hoewel het de volgorde van taken nauwkeurig vastlegt, kan het belanghebbenden overweldigen met te veel details tegelijk.

### Een overweldigend laag-niveau procesmodel

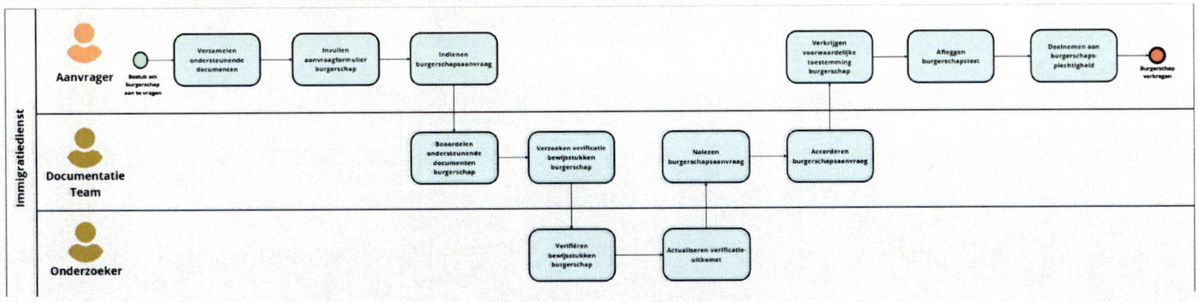


Fig9.1 Super gedetaileerd proces model

Stel je voor dat het daadwerkelijke bedrijfsproces twee keer zoveel activiteiten zou bevatten—de enorme hoeveelheid informatie zou het model moeilijk leesbaar en begrijpelijk maken. In situaties zoals deze wordt storytelling via BPMN-modellering essentieel. Het gaat er niet alleen om elke taak te tonen, maar om het proces duidelijk en logisch weer te geven, zodat belanghebbenden ermee aan de slag kunnen, het kunnen begrijpen en actie kunnen ondernemen

### De Uitdaging:

- Te veel details op laag niveau vertroebelen de stroom.
- Belangrijke mijlpalen en verantwoordelijkheden zijn moeilijk te identificeren.
- Belanghebbenden worden overweldigd door onnodige complexiteit.

## Het toepassen van ontledings- en storytellingtechnieken

Nu we de uitdagingen hebben geïdentificeerd, gaan we het model transformeren met behulp van ontledings- en storytellingprincipes. Met subprocessen en een schonere structuur wordt het model gemakkelijker te volgen en meer gefocust.

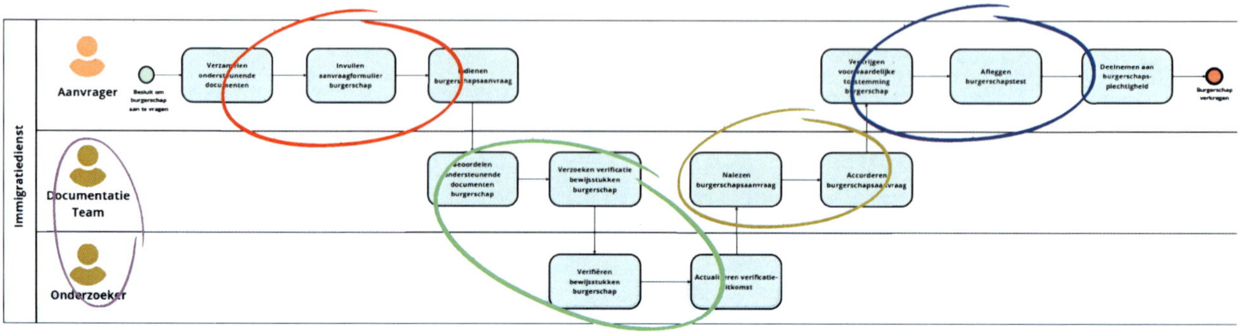


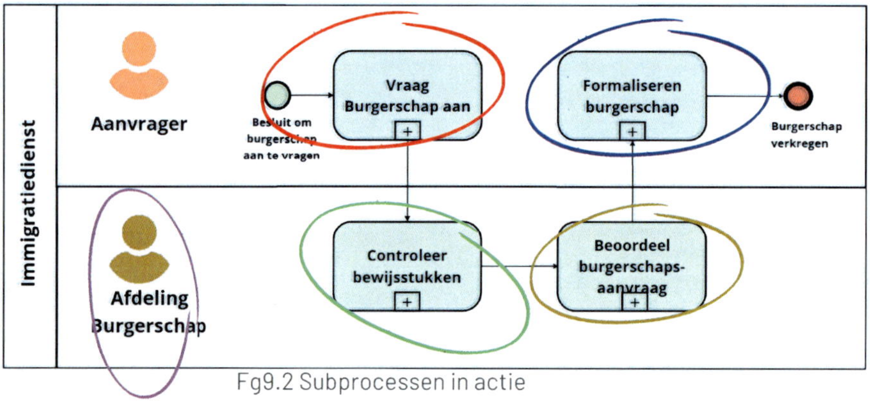


Fg9.2 Subprocessen in actie

## De Wijzigingen:

- Het samenvoegen van Documentteam en Onderzoeker tot Burgerschapsteam
- Activiteiten groeperen in vier betekenisvolle subprocessen met de volgende namen:
  - Vraag Burgerschap aan
  - Controleer bewijsstukken
  - Beoordeel burgerschapsaanvraag
  - Formaliseer burgerschap

Op deze manier fungeren de subprocesnamen als samenvattingen op hoog niveau, waardoor belanghebbenden zich kunnen concentreren op intentie en resultaten, in plaats van te verdwalen in details.

## Belangrijkste verbeteringen

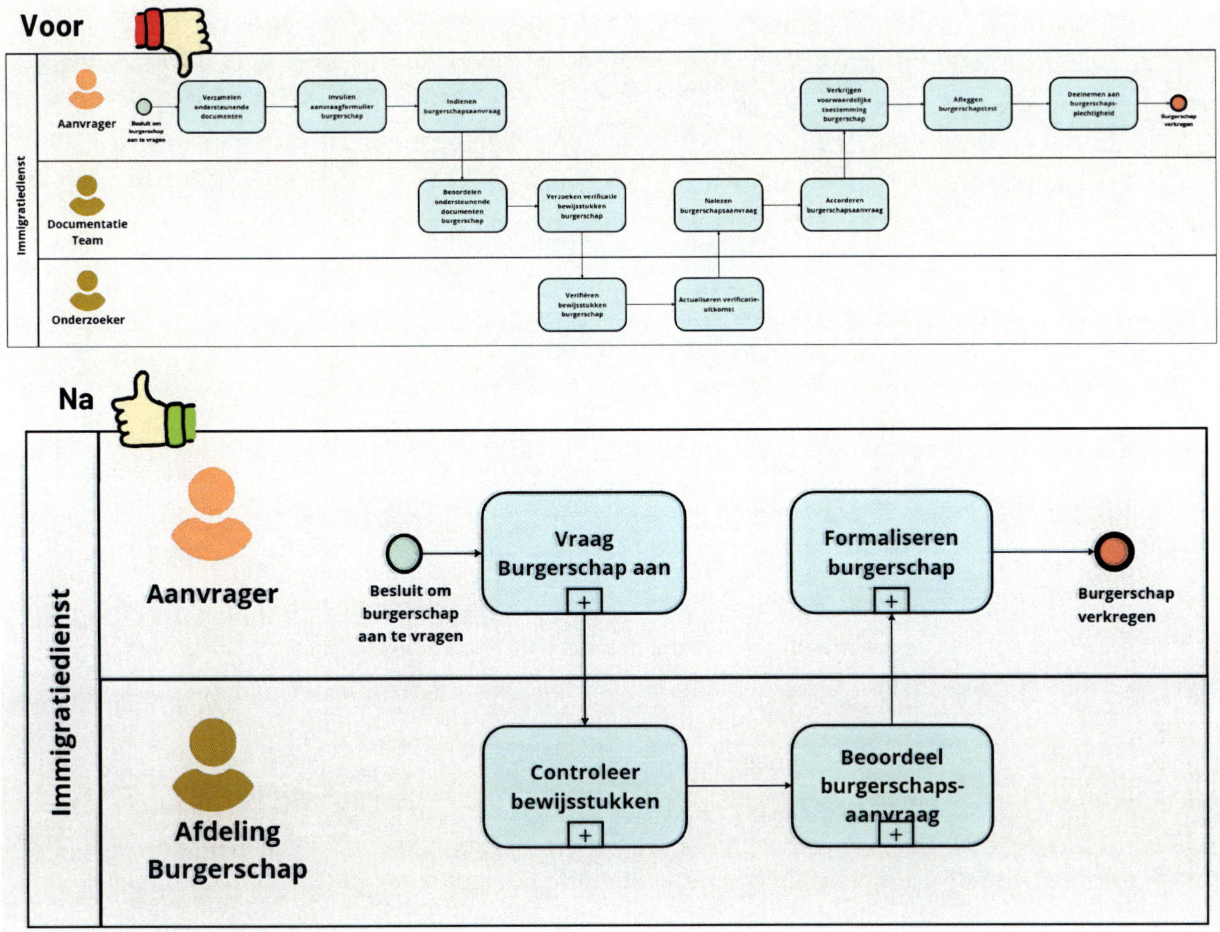


Fig9.3 Subprocessen in actie - Voor en Na

Hier zijn de belangrijkste verschillen tussen de twee versies:

- Oplsplitsen in subprocessen: Richt zich op de belangrijkste fasen in plaats van gedetailleerde taken.
- Duidelijkere stroom: Deelnemers kunnen gemakkelijk de overdrachten en verantwoordelijkheden volgen.
- Verbeterde bruikbaarheid: Het model dient als een effectief communicatiemiddel, niet alleen als documentatie.
- Inzoommogelijkheid: Lezers kunnen inzoomen op de subprocessen om gedetailleerde taken te bekijken wanneer dat nodig is, waardoor de duidelijkheid behouden blijft en volledige transparantie wordt geboden.

## Verhalen Samenvoegen

De eindgebeurtenis van het ene proces en de startgebeurtenis van een ander proces zijn gerelateerd, maar hebben verschillende namen, omdat ze twee kanten van dezelfde interactie vertegenwoordigen. De eindgebeurtenis "Aanvraag burgerschap ingediend" van het subproces "Indienen burgerschapsaanvraag" wordt de startgebeurtenis "Burgerschapsaanvraag ontvangen" van het subproces "Ondersteunende documenten beoordelen".

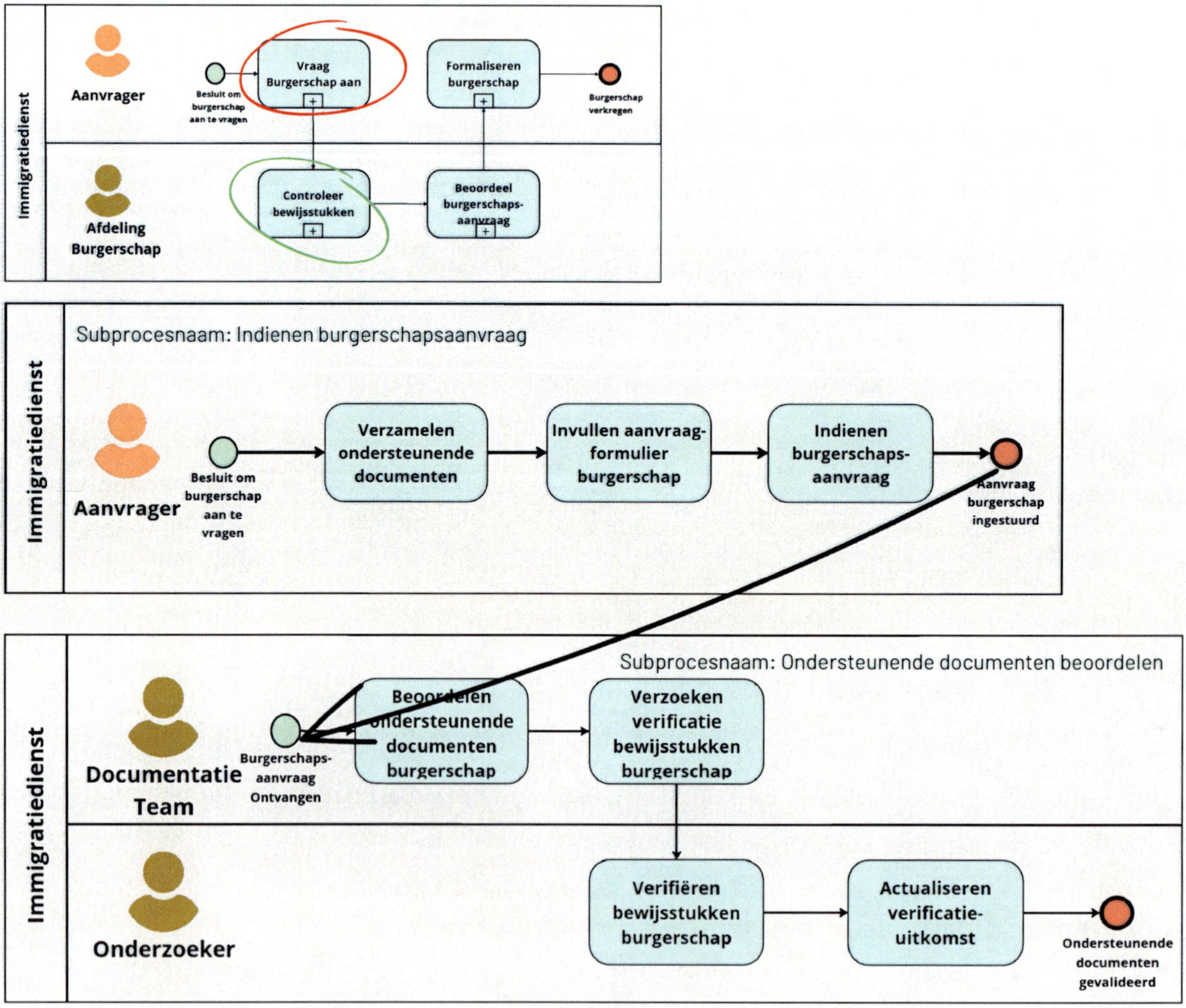


Fig9.4 Subprocessen in actie - Start/Einde Gebeurtenis naamgeving

### Casus 2: Het vormgeven van de reis - van procesweergave op niveau 3 naar niveau 4

Laten we het installatieproces van zonnepanelen verkennen met behulp van een BPMN-aanpak op meerdere niveaus. Dit voorbeeld demonstreert hoe storytelling via BPMN kan helpen om een duidelijk, gestructureerd proces te presenteren door complexiteit op te splitsen in betekenisvolle niveaus.

#### Niveau 3: De procesweergave op hoog niveau – "Zonnepaneelinstallatie leveren"

Op niveau 3 presenteren we een procesmodel op hoog niveau dat het ideale scenario laat zien—het ideale scenario waarin alles soepel verloopt. Dit niveau gebruikt subprocessen om te focussen op de hoofdfasen van het installatieproces, waardoor belanghebbenden een snel overzicht krijgen.

#### Wat benadrukt het model op niveau 3?

- De belangrijkste stadia van aanvraag tot voltooiing van de installatie, zonder te veel in details te treden.
- Een schoon, gestroomlijnd overzicht van het gehele proces, waarbij het verhaal gericht blijft op de positieve stroom.
- Elke fase (zoals capaciteitsbeoordeling en installatie) is gegroepeerd als een subproces, waardoor een duidelijke samenvatting wordt geboden.

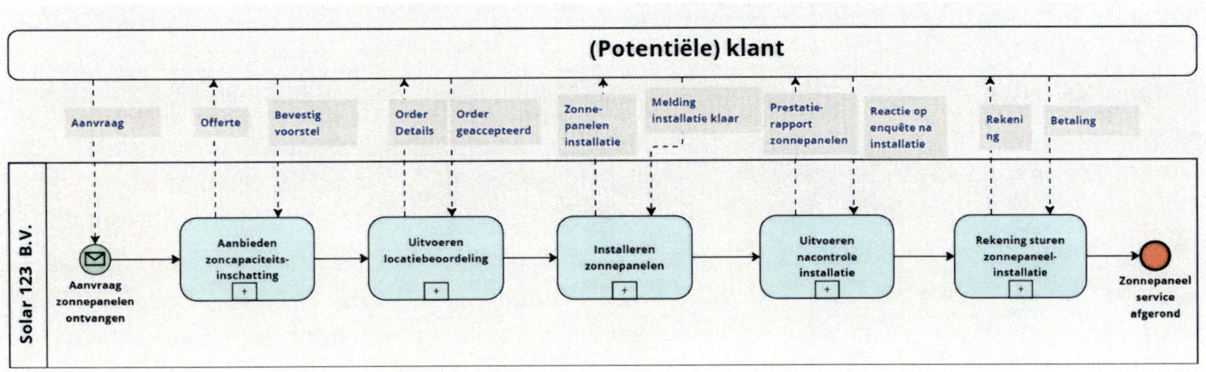


Fig9.5 End to End BPMN Model (Niveau 3)

## Inzoomen op details: Procesweergave niveau 4 van "Zonnecapaciteitsbeoordeling leveren"

Op niveau 4 zoomen we in op het eerste subproces, "Aanbieden Zoncapaciteits-inschatting". Deze laag onthult de specifieke variaties en verschillende paden op basis van het klanttype (particulier versus zakelijk). Het introduceert ook de minder prettige paden om realistische scenario's weer te geven, zoals:

- Afgewezen offertes: De potentiële klant kan de offerte afwijzen, wat opvolging of wijzigingen vereist.
- Verschillende beoordelingen: Het proces varieert afhankelijk van of de klant particulier of zakelijk is, wat de benodigde flexibiliteit aantoont.

## Wat laat het model op niveau 4 zien?

- Gedetailleerde stappen binnen het capaciteitsinschattingsproces.
- Variaties en alternatieve paden, zoals verschillende beoordelingen voor particuliere en zakelijke klanten.
- Realistische resultaten, waaronder afgewezen offertes en opvolgingen, die een volledig beeld van het proces geven.

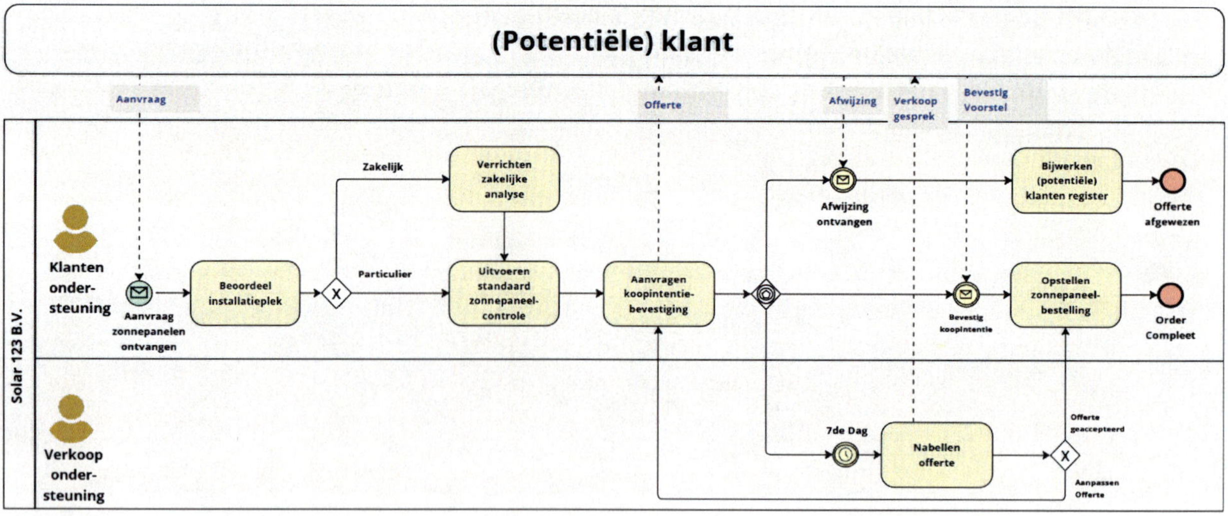


Fig9.6 BPMN Model Niveau 4

### Duidelijkheid door middel van storytelling op meerdere niveaus

Door het proces over meerdere niveaus te spreiden, behouden we zowel duidelijkheid als detail:

- Niveau 3 biedt een overzicht, waardoor belanghebbenden snel de belangrijkste fasen kunnen begrijpen.
- Niveau 4 maakt diepgaandere verkenning mogelijk, waarbij de volledige complexiteit alleen wordt getoond wanneer dat nodig is.

Deze storytellingtechniek zorgt ervoor dat het proces boeiend en bruikbaar blijft voor verschillende doelgroepen—degenen die op zoek zijn naar een samenvatting op hoog niveau en degenen die gedetailleerde inzichten nodig hebben.

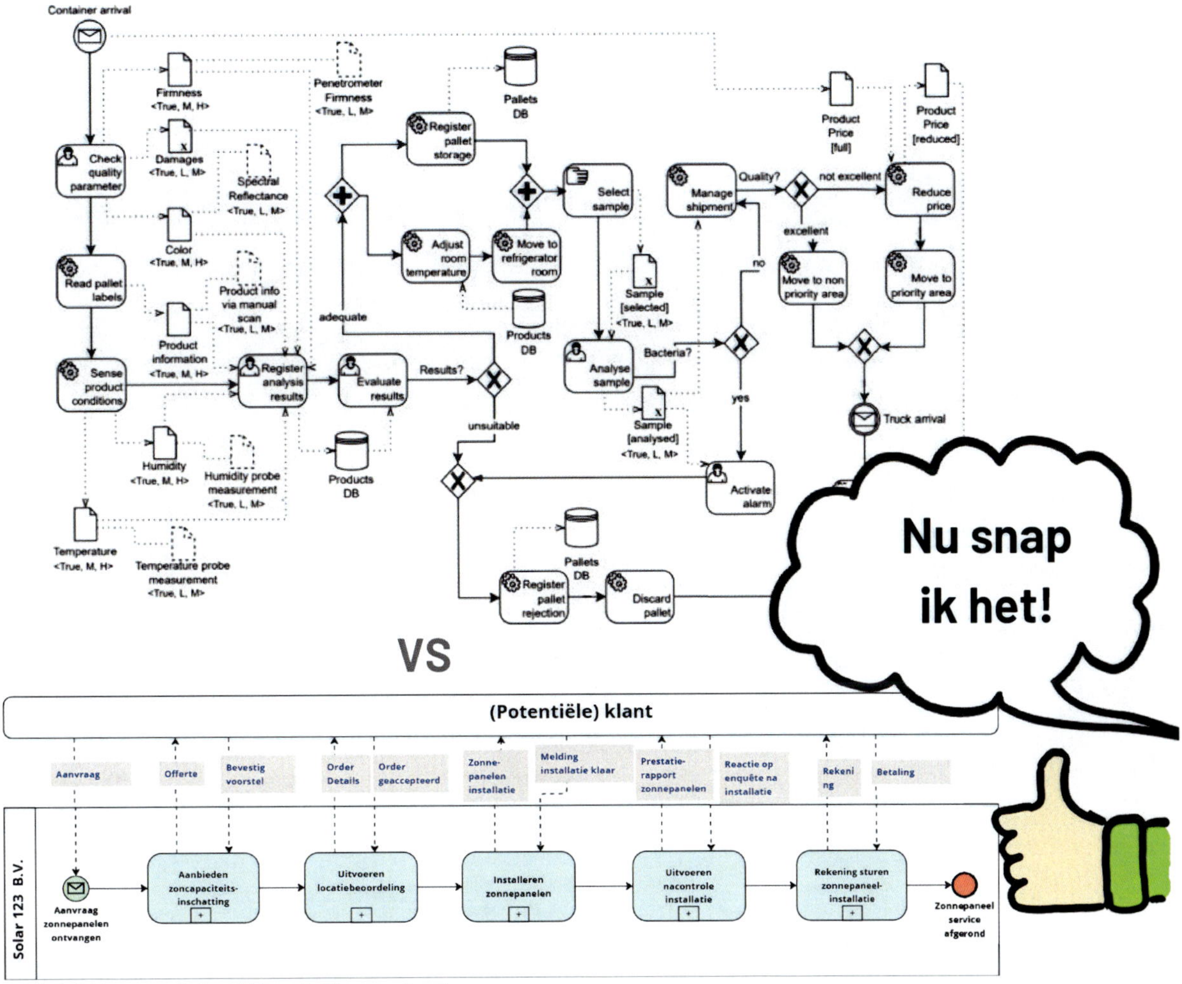


Fig9.7 Nu snap ik het! Storytelling met subprocessen

# Afsluitende Gedachten

De kern van elk impactvol BPMN-model is een goed verteld verhaal. Storytelling is de topprioriteit—het zorgt ervoor dat het model niet alleen processen documenteert, maar ook betekenis communiceert, teams op elkaar afstemt en actie stimuleert. Duidelijke verhalen helpen belanghebbenden hun rollen te begrijpen en betrokken te blijven.

Visuele balans en eenvoud ondersteunen storytelling door het model gestructureerd en gefocust te houden. Meestal werken deze principes naadloos samen, maar soms krijgt het verhaal voorrang, wat afwegingen vereist.

Uiteindelijk komt effectieve communicatie op de eerste plaats—het doel is om modellen te creëren die begrip en actie bevorderen. Visuele balans en eenvoud versterken het verhaal, maar overschaduwen het niet.

Nu we deze sectie afronden, verschuift de focus terug naar u—hoe zult u deze principes in uw eigen werk toepassen? Bedenk dat elk proces een verhaal vertelt. Uw uitdaging is om het goed te vertellen—duidelijk, betekenisvol en met een doel.

## Werken storytelling, visuele balans en eenvoud effectief samen?

Storytelling, visuele balans en eenvoud zijn de drie hoofdpijlers van Processbility, en ze werken het beste samen om BPMN-modellen te creëren die effectief communiceren.

Storytelling is het hart van het model—het is wat het proces betekenis en relevantie geeft. Het transformeert een reeks taken in een verhaal dat belanghebbenden kunnen begrijpen, volgen en waarmee ze zich kunnen verbinden. Storytelling zorgt ervoor dat het model niet alleen een diagram is; het is een manier om mensen te betrekken en op één lijn te brengen rond een gemeenschappelijk doel.

Visuele balans ondersteunt storytelling door het model aangenaam voor het oog, gestructureerd en intuïtief te maken. Wanneer een model een goede visuele balans heeft, leidt het de focus van de lezer op natuurlijke wijze en vestigt het de aandacht op belangrijke delen van het proces zonder hen te overweldigen. Visuele balans vermindert visuele ruis, zodat het verhaal opvalt.

Eenvoud zorgt er daarentegen voor dat het model gefocust is en vrij van onnodige details. Het gaat erom alleen te gebruiken wat essentieel is om het proces effectief te communiceren. Door te vereenvoudigen maken we het proces duidelijker en sneller te begrijpen, waardoor het voor belanghebbenden gemakkelijker wordt om actie te ondernemen.

## Werken storytelling, visuele balans en eenvoud effectief samen? (vervolg)

Meestal werken deze drie elementen naadloos samen. Maar soms, om een duidelijker verhaal te vertellen, moet je mogelijk compromissen sluiten op het gebied van visuele balans en/of eenvoud. Het is essentieel om altijd te onthouden dat het uiteindelijke doel van Process-bility effectieve communicatie is. Een geweldig model is niet alleen technisch correct—het is een model dat mensen begrijpen en willen gebruiken.

In Process-bility zijn deze elementen als een team. Elk brengt zijn unieke kracht in, maar samen versterken ze elkaar om van je BPMN-model een waardevol instrument te maken voor het bereiken van betekenisvolle bedrijfsresultaten.

Hoofdstuk 10

# De relatie tussen Agile User Stories en BPMN-modellen

- Inleiding: Verhalen verbinden met BPMN
- Het probleem bij alleen maar “User stories”
- Hoe Process-bility “user stories” en BPMN-modellen op elkaar afstemt
- “User stories” en BPMN-procesmodellen in actie

# Inleiding: Verhalen Verbinden met BPMN

Agile user stories richten zich op het leveren van waarde door middel van kleine, incrementele functionaliteiten. BPMN-modellen beschrijven daarentegen de stroom van activiteiten en overdrachten in een gestructureerd proces. De uitdaging ligt in het overbruggen van deze twee perspectieven: het verbinden van het verhaal van gebruikersbehoeften met de gestructureerde workflows die hen ondersteunen. Process-bility biedt een manier om beide samen te brengen, waardoor afstemming tussen gebruikersverwachtingen en de onderliggende proceslogica wordt gewaarborgd.

# Het probleem bij het gebruik van alleen User Stories

User stories vertellen wat er gedaan moet worden vanuit het perspectief van de eindgebruiker, maar ze missen vaak duidelijkheid over het "grotere plaatje"—vooral wanneer meerdere teams, systemen of stappen betrokken zijn. User stories die niet worden ondersteund door een helder procesoverzicht kunnen leiden tot:

- Het missen van kritieke afhankelijkheden.
- Verschillende verwachtingen tussen teams.
- Vertragingen door overdrachten bij onduidelijke rolverdelingen.

# Hoe Process-bility user stories verbindt met BPMN-modellen.

Proces-Bility zorgt ervoor dat elke user story gekoppeld is aan een processtroom, waardoor zowel een helder verhaal als een operationele structuur geboden wordt.

Dit is hoe:

**Opsplitsing in Deelprocessen:**

Breek grotere user stories op in kleinere taken, die worden toegewezen aan BPMN-deelprocessen. Hierdoor kunnen teams het proces achter het verhaal zien en begrijpen wie waarvoor verantwoordelijk is.

**Duidelijkheid van de Rollen met Visuele Balans:**

Gebruik persoonspictogrammen in swimlanes om duidelijk de rollen aan te geven die verantwoordelijk zijn voor elke taak, waardoor soepele overdrachten gewaarborgd worden.

**Verhalen Vertellen met de Stroom:**

Een goed gemodelleerd BPMN-proces ondersteunt het verhaal in user stories door de daadwerkelijke stroom te tonen—hoe activiteiten met elkaar verbonden zijn om het gewenste resultaat te bereiken.

# User Stories en Procesmodellen in Actie

In agile ontwikkeling dienen Thema's, Epics en User Stories als een gestructureerde aanpak om vereisten vast te leggen en werk op te splitsen in beheersbare stappen. De reis eindigt echter niet bij het definiëren van deze elementen. Om ze om te zetten in bruikbare inzichten, koppelen we ze aan procesmodellen, die de stroom van acties, beslissingen en betrokken rollen visueel weergeven. Hier volgt een overzicht van hoe een Thema kan uitmonden in Epics en User Stories, die op hun beurt direct worden toegewezen aan BPMN-procesmodellen.

### Thema: Zelfserviceportaal voor Werknemers

Ons voorbeeld begint met een Thema op hoog niveau: Zelfserviceportaal voor Werknemers. Dit Thema is gericht op het in staat stellen van werknemers om hun eigen HR-gerelateerde activiteiten te beheren via een digitale portal. Door werknemers in staat te stellen zelfstandig acties te initiëren, vermindert de portal de HR-werkdruk, vergroot de transparantie en verbetert de werknemerservaring. Het Thema Zelfserviceportaal voor Werknemers omvat diverse HR-gerelateerde functionaliteiten, waarvan Verlofbeheer er één is.

**Epic: Verlofbeheer**

Binnen het Thema Zelfserviceportaal voor Werknemers is Verlofbeheer een cruciale Epic. Deze Epic omvat alle noodzakelijke functionaliteiten voor een werknemer om verlof aan te vragen, een manager om de aanvraag te beoordelen en goed te keuren of af te wijzen, en HR om de gegevens dienovereenkomstig bij te werken. De Epic Verlofbeheer biedt een end-to-end structuur, van het indienen van de aanvraag tot de goedkeuring van het verlof, waarbij gebruikersautonomie in balans wordt gebracht met organisatorisch toezicht.

Door de Epic Verlofbeheer op te splitsen in User Stories, kunnen we specifieke functio- naliteiten aanpakken en elke story afstemmen op de bij- behorende stappen in een procesmodel, zodat elke vereiste uitvoerbaar en traceerbaar is.

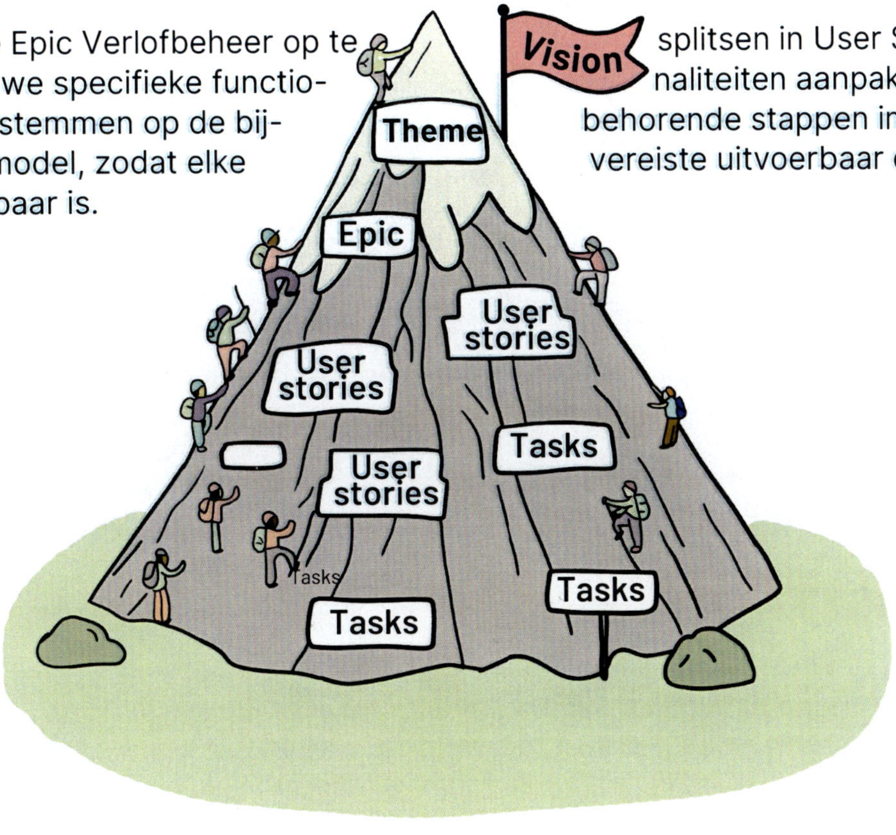

### User Stories in het Epic Verlofbeheer

Om de details van het verlofbeheerproces vast te leggen, definiëren we individuele User Stories die specifieke gebruikersbehoeften binnen dit Epic vertegenwoordigen:

1. Verlof aanvragen door medewerker
    - Als medewerker wil ik verlof kunnen aanvragen via het portaal, zodat ik vrije tijd kan regelen.
2. Goedkeuring door manager
    - Als manager wil ik verlofaanvragen van mijn team kunnen beoordelen en goedkeuren of afwijzen, zodat ik kan zorgen voor voldoende bezetting tijdens elke periode.
3. HR-verlofbeleid configureren
    - Als HR-beheerder wil ik verlofbeleid in het systeem kunnen instellen, zodat verlofopbouw, overdracht en goedkeuringen worden beheerd volgens de bedrijfsregels.

Elk van deze user stories richt zich op een afzonderlijk deel van het verlofbeheerproces, waardoor alle functionele vereisten worden vastgelegd. Nu de user stories zijn gedefinieerd, kunnen we ze in BPMN-procesmodellen in kaart brengen om te laten zien hoe deze vereisten zich vertalen naar bedrijfsworkflows.

### User Stories koppelen aan BPMN Procesmodellen

Elke User Story in het Verlofbeheer Epic wordt direct gekoppeld aan taken, beslissingen of rollen binnen het BPMN-model, dat is opgesplitst in twee niveaus om zowel overzichten als gedetailleerde weergaven van het proces te bieden.

### Niveau 3 BPMN-model: Verlofbeheer (end-to-end)

Het niveau 3 BPMN-procesmodel biedt een overzicht van het verlofbeheerproces, passend bij de omvang van het Epic. Het legt de volledige reis vast, van de eerste verlofaanvraag tot de uiteindelijke recordupdate, waardoor belanghebbenden een duidelijk inzicht krijgen in de belangrijkste stadia zonder overweldigende details.

**Belangrijkste stadia in het niveau 3-procesmodel:**

1. Verlofaanvraag indienen – gekoppeld aan "Verlof aanvragen door medewerker"
2. Verlofaanvraag beoordelen – gekoppeld aan "Goedkeuring door manager"
3. Verlofbeleid configureren – gekoppeld aan "HR-verlofbeleid configureren"

Deze stadia komen overeen met de acties die nodig zijn om het Verlofbeheer Epic te voltooien, waarbij vereisten op hoog niveau worden vertaald naar een end-to-end visuele stroom.

**Niveau 4 BPMN-proces: Gedetailleerde workflow voor verlofbeheer**

Het niveau 4-procesmodel gaat dieper in op elke fase en toont de stapsgewijze details die overeenkomen met individuele User Stories. Dit detailniveau stelt ontwikkelaars en belanghebbenden in staat om de specifieke taken, beslispunten en rolgebaseerde verantwoordelijkheden te begrijpen.

**Gedetailleerde processtappen in het niveau 4-model:**

1. Verlofaanvraag indienen: Medewerker selecteert verloftype en datums, controleert het beschikbare saldo en dient de aanvraag in (gekoppeld aan "Verlof aanvragen door medewerker").
2. Beoordeling en beslissing door manager: Manager beoordeelt de aanvraag, controleert het teamschema en keurt het verlof goed of wijst het af (gekoppeld aan "Goedkeuring door manager").
3. HR-beleid configureren: HR werkt het verlofbeleid indien nodig bij (gekoppeld aan "HR-verlofbeleid configureren").

Het niveau 4-procesmodel zorgt ervoor dat elke User Story volledig wordt weergegeven in de workflow, wat een duidelijke en nauwkeurige uitvoering van het verlofbeheerproces mogelijk maakt.

**Resultaten van het koppelen van User Stories aan procesmodellen**

Door User Stories te koppelen aan specifieke taken en beslissingen binnen het BPMN-model, zorgen we ervoor dat elke vereiste wordt geoperationaliseerd in een visuele workflow. Deze aanpak biedt verschillende voordelen:

- Traceerbaarheid: De vereisten van elke User Story zijn traceerbaar binnen het procesmodel, waardoor het eenvoudig is om te verifiëren dat de uiteindelijke implementatie voldoet aan de behoeften van de gebruiker.
- Duidelijkheid: De modellen op hoog niveau (niveau 3) en gedetailleerd niveau (niveau 4) bieden duidelijkheid voor belanghebbenden op verschillende niveaus, waardoor effectieve communicatie en afstemming worden ondersteund.
- Bruikbare inzichten: Procesmodellen zetten vereisten om in bruikbare stappen, waardoor de uiteindelijke workflows zowel gebruiksvriendelijk als in overeenstemming met het organisatiebeleid zijn.

Deze afstemming van Thema's, Epics, User Stories en BPMN-modellen demonstreert hoe agile vereisten effectief kunnen worden geoperationaliseerd, van doelen op hoog niveau tot individuele taken, wat echte bedrijfswaarde stimuleert en een naadloze gebruikerservaring oplevert.

## Epics en User Stories visualiseren in BPMN-modellen

Deze pagina illustreert een voorbeeld van een niveau 3 BPMN end-to-end model naast een niveau 4 BPMN-model. Het niveau 3-model biedt een overzicht van het Verlofbeheer Epic en toont het end-to-end proces van het indienen van een aanvraag tot de goedkeuring en beleidsupdate. Ondertussen gaat het niveau 4-model dieper in op de gedetailleerde stappen voor de User Story "Verlof aanvragen door medewerker", waarbij elke actie die een medewerker onderneemt bij het indienen van een verlofaanvraag, samen met validaties en beslispunten, wordt weergegeven.

### Niveau 3 BPMN-proces: Verlofbeheer (end-to-end) | EPIC

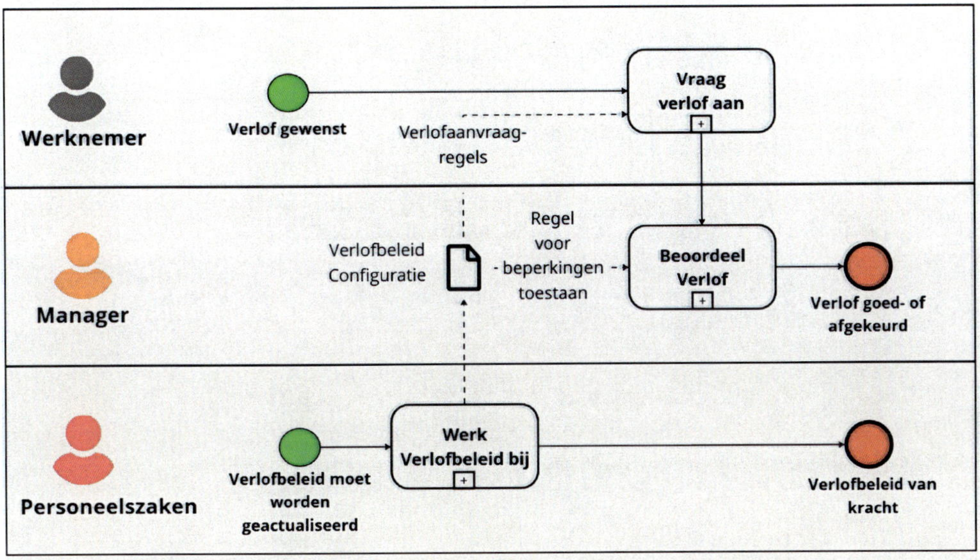


### Niveau 4 BPMN-proces: Verlofaanvraag indienen: User Story

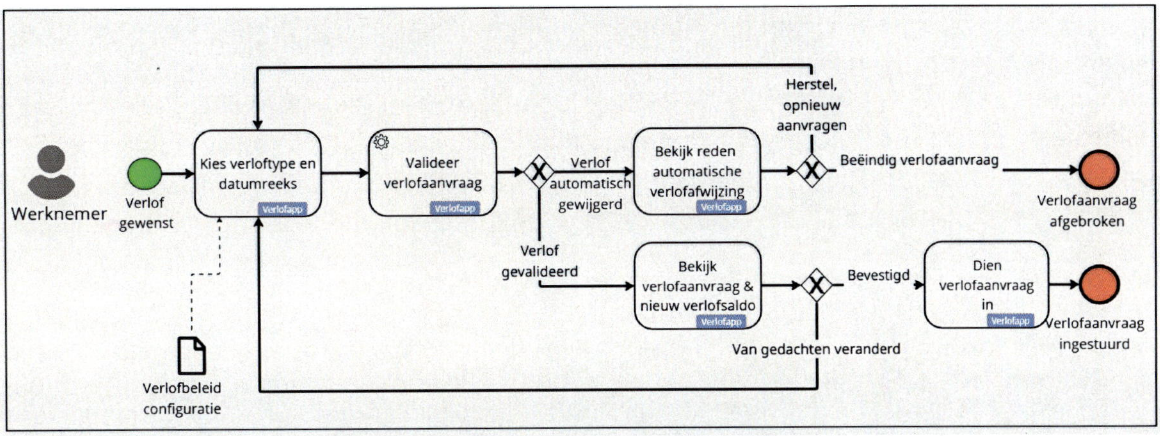


Fig10.1 Van EPIC-User Story naar BPMN Niveau 3 (End-to-End) en BPMN Niveau 4

“

**User Stories zonder bedrijfsprocesmodellen is navigeren in het duister, zonder richting, helderheid of doel, wat leidt tot inefficiënte oplossingen.**

Hoofdstuk 11

# Uitdagingen bij het modelleren van praktijkgerichte bedrijfsscenario's

# Inleiding

In dit hoofdstuk duiken we in de praktische toepassingen van de Process-bility-principes, waarbij we realistische bedrijfsproblemen aanpakken met behulp van heldere, bruikbare BPMN-modellen. Elke casus presenteert een veelvoorkomende uitdaging en onderzoekt hoe effectieve procesmodellering complexiteit kan vereenvoudigen, de operationele stroom kan verbeteren en betekenisvolle resultaten kan bereiken.

Dit hoofdstuk zal in de loop van de tijd evolueren, waarbij elke paar maanden nieuwe scenario's worden toegevoegd, waardoor de diversiteit van de behandelde situaties wordt vergroot. Als lezer profiteert u van minimaal een jaar gratis updates voor dit e-boek, zodat u voortdurend toegang hebt tot nieuwe inzichten en praktische voorbeelden.

Van het beheren van inkoopprocessen tot het afhandelen van klantenserviceworkflows, deze scenario's zijn ontworpen om een praktische toolkit te bieden. Gebruik ze als inspiratie en leidraad om vergelijkbare uitdagingen in uw eigen organisatie aan te pakken, waarbij u de focus van Process-bility op Storytelling, visuele balans en eenvoud toepast om modellen te creëren die communiceren.

## BPMN-uitdagingsscenario 1: Offertebeoordelingsproces

Stel je voor dat je werkt als Business Analist, met de opdracht om het offertebeoordelingsproces te modelleren voor een bedrijf dat een product of dienst inkoopt. Hier is de situatie:

Het bedrijf moet een Offerteaanvraag sturen naar minstens drie leveranciers. Het offertebeoordelingsproces kan beginnen onder een van de volgende voorwaarden:

- Na de sluitingsdatum, ongeacht het aantal ontvangen offertes.
- Onmiddellijk, als er vóór de sluitingsdatum meer dan vijf offertes zijn ontvangen.

## Jouw uitdaging:

Maak een BPMN-model voor dit proces met behulp van de principes van Process-bility—Storytelling, visuele balans en eenvoud. Uw model moet duidelijk de voorwaarden weergeven die de evaluatiefase activeren en het besluitvormingsproces vereenvoudigen.

**BPMN-uitdagingsscenario 1: (Vervolg)**

**Vragen om te overwegen:**

- Beslissingsstroom: Hoe zou je de beslissingsstroom afhandelen om de evaluatie te starten?
- Gateway-keuze: Zou je een exclusieve gateway of een ander type gateway gebruiken om de voorwaarden te beheren?
- Duidelijkheid en communicatie: Hoe zorg je ervoor dat het proces duidelijk wordt gecommuniceerd aan belanghebbenden, vooral met betrekking tot de timing en voorwaarden voor het starten van de evaluatie?

Neem de tijd om over deze vragen na te denken en het proces te modelleren. Op de volgende pagina zullen we een typisch BPMN-model en een Process-bility aanpak bekijken om te zien hoe elk de uitdagingen van duidelijkheid en eenvoud aanpakt.

Succes!

**BPMN-uitdagingsscenario 1: (Vervolg)**

Neem echt even de tijd om het scenario zelf te modelleren. Onthoud dat de beste manier om echt te leren is door het te doen. Ga het gewoon doen!. Pas de Process-bility principes toe die je tot nu toe hebt geleerd.

Als je model klaar is (of als je echt, echt niet kunt wachten), ga dan naar de volgende pagina om de Process-bility aanpak van deze uitdaging te bekijken.

Succes, en veel plezier ermee! Je kunt het!

> **Als je je proces niet kan modelleren, dan begrijp je je proces niet.**

## BPMN-uitdagingsscenario 1: Modelantwoord volgens Process-bility

### Procesnaam: Offertes verkrijgen

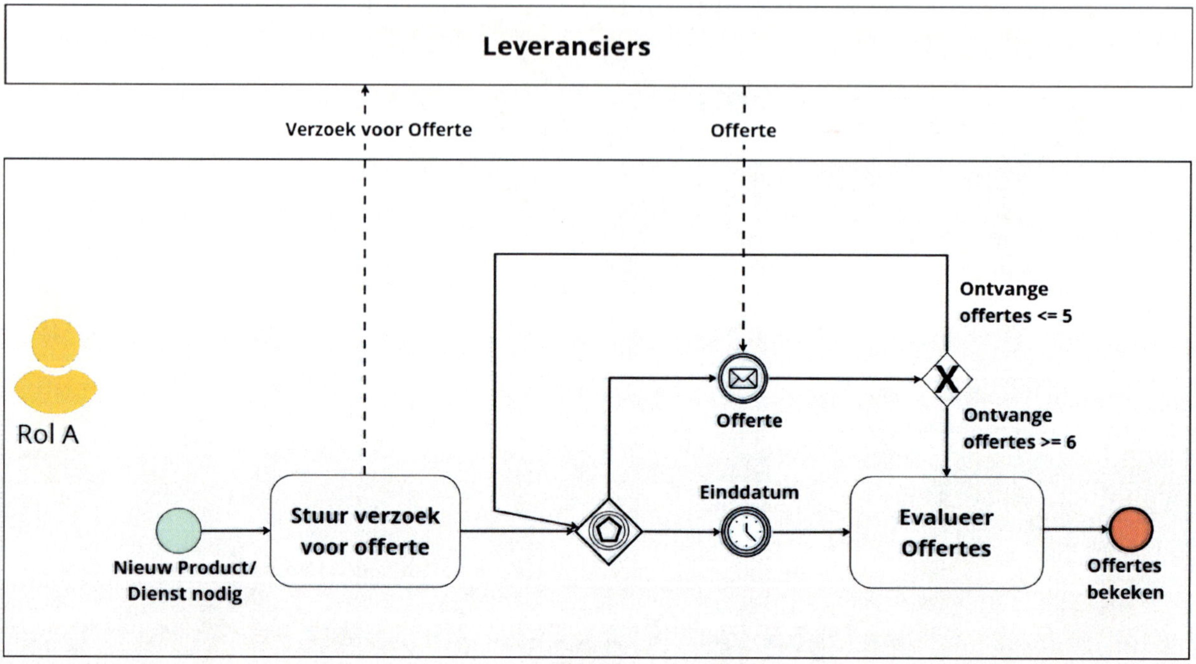


Fig11.1 Modelantwoord voor Uitdaging #1

**BPMN-uitdagingsscenario 2: Goedkeuringsproces onkostennota**

Stel je voor dat je de opdracht hebt om het volgende proces te modelleren:

**1. Indiening en goedkeuring vereist voor betaling:**
De medewerker dient een onkostennota in bij de manager ter goedkeuring. Voordat een betaling kan worden gedaan, moet de nota worden goedgekeurd door de manager.

**2. Afwijzing door manager:**
De manager heeft de bevoegdheid om een onkostennota af te wijzen als deze niet voldoet aan de noodzakelijke criteria.

**3. Na afwijzing:**
Indien afgewezen, moet de medewerker de problemen verhelpen en de nota opnieuw indienen ter goedkeuring.

**4. Opnieuw indienen:**
De opnieuw ingediende nota doorloopt opnieuw het goedkeurings-proces, en pas na goedkeuring kan de financiële afdeling overgaan tot betaling.

**5. Extra goedkeuringen voor hoge bedragen:**
Voor nota's met een hogere waarde kunnen tot twee opeenvolgende extra goedkeuringen van managers op hoger niveau vereist zijn voordat betaling plaatsvindt.

Gebruik je Process-bility kennis om dit proces in BPMN te modelleren.

- Hoe ga je de beslissingsstromen voor goedkeuring of afwijzing door de manager weergeven?
- Indien extra goedkeuringen nodig zijn, hoe illustreer je deze voorwaarde zonder het model te complex te maken?
- Hoe houd je de stroom schoon en begrijpelijk, vooral bij mogelijke herindieningen?

**BPMN-uitdagingsscenario 2: (Vervolg)**

Betrapt! Ja, je probeerde even snel te spieken, hè?

Wacht even! Het antwoord komt er wel, maar laten we eerst je vaardig-heden testen. Neem een paar minuten de tijd om het scenario zelf aan te pakken. De beste manier om te leren is immers door het gewoon te doen.

Denk aan de Process-bility-principes die je hebt geleerd: eenvoud, storytelling en visuele balans. Je kunt dit!

Tip: Vermijd bij het modelleren het maken van een aparte swimlane voor elke extra goedkeurder. Stel je voor dat een bedrijfsregel maximaal 5 extra goedkeuringen toestaat. Dat zou niet duurzaam (of eenvoudig!) zijn! Bedenk in plaats daarvan een schaalbare manier om deze goedkeurings-stroom weer te geven.

Als je er klaar voor bent (of als de spanning te groot wordt), ga dan naar de volgende pagina om je model te vergelijken met de Process-bility-oplossing.

Succes en veel plezier met de uitdaging!

## BPMN-uitdagingsscenario 2: Modelantwoord volgens Process-bility

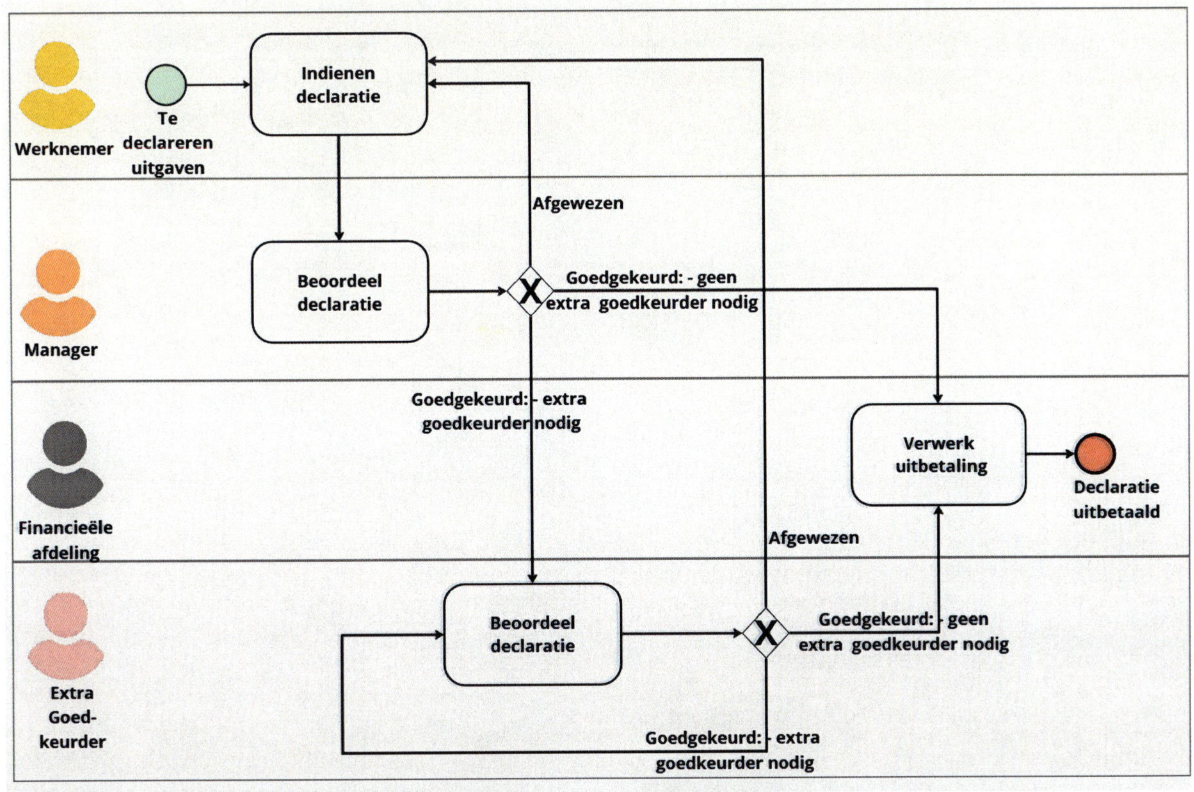


Fig11.2 Modelantwoord voor uitdagingsscenario #2

Wat vind je van het modelantwoord? Zie jij nog een andere manier om dit scenario te modelleren? Vind je de kruisende flows acceptabel, of kan je deze vermijden? Misschien kun je het verder vereenvoudigen en mogelijk zelfs het aantal swimlanes verminderen? Onthoud dat het uiteindelijke doel niet alleen is om nauwkeurig te modelleren, maar ook om eenvoud, storytelling en visuele balans te omarmen.

Probeer het eens en e-mail je model naar me op kevin.tan@process-bility.com

Ik ben benieuwd naar jouw aanpak!

(Of blader naar de volgende pagina om een alternatief model te bekijken.)

## BPMN-uitdagingsscenario 2: Alternatief modelantwoord volgens Process-bility

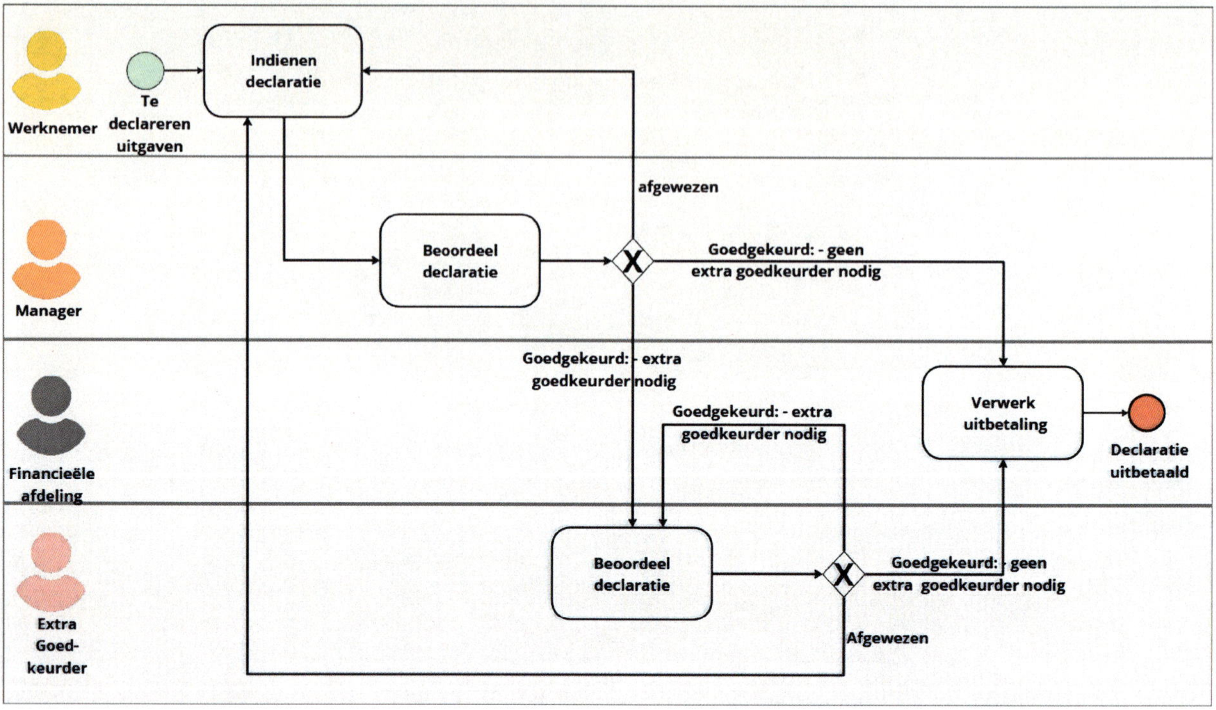


Fig11.3 Alternatief Modelantwoord voor uitdagingsscenario #2

## BPMN-uitdagingsscenario 3: Klantterugbetalingsproces

Nu we dit hoofdstuk afsluiten, nodig ik je uit om het geleerde toe te passen en een laatste Business Scenario-uitdaging aan te gaan. Dit is je kans om de Process-bility principes storytelling, visuele balans en eenvoud in de praktijk te brengen.

Modelleer het scenario met behulp van je nieuw verworven kennis en stuur je BPMN-model gerust (in het Engels) naar mij via Kevin.Tan@process-bility.com. Ik zal elke inzending persoonlijk beoordelen en geselecteerde antwoorden zullen worden opgenomen in toekomstige updates van dit e-boek, waarbij je naam als bijdrager wordt vermeld.

De reis gaat door: samen leren, verbeteren en procesmodellering stap voor stap eenvoudiger en impactvoller maken.

**Tijd voor meer modelleerplezier!**

Stel je voor dat je de opdracht hebt om een BPMN-model te maken voor het beheren van klantterugbetalingen, met meerdere stappen en beslispunten om een soepele en efficiënte workflow te garanderen.

1. **Dagelijkse rapportdownload:**
   Het klantenserviceteam downloadt dagelijks een rapport met terugbetalingsverzoeken vanuit het CRM-systeem naar een Excel-spreadsheet. Dit rapport bevat een overzicht van alle openstaande terugbetalingsverzoeken die door klanten zijn ingediend.
2. **Eerste beoordeling van de geschiktheid:**
   De klantenservice controleert eerst of het product in aanmerking komt voor retournering op basis van:
   - Tijd sinds aankoop: In aanmerking komend indien binnen 13 maanden na aankoop.
   - Reden voor retournering: De door de klant opgegeven reden, zoals een defect of een verandering van gedachten.

BPMN-uitdagingsscenario 3: Klantterugbetalingsproces

### 3. Productconditiecontrole door het magazijn:

Voor retouren die aan de initiële criteria voldoen, wordt het product ter inspectie naar het magazijn gestuurd:

- Defect Product:
  - Indien het defect binnen 12 maanden na aankoop wordt vastgesteld, komt de klant in aanmerking voor een volledige terugbetaling.
  - Indien tussen 12 en 13 maanden, wordt de klant tegoed aangeboden voor een toekomstige aankoop
- Goede conditie, verandering van gedachten:
  - Indien het product in goede conditie is, maar geretourneerd wordt vanwege een verandering van gedachten, wordt een gedeeltelijke terugbetaling verwerkt na aftrek van herbevoorradingskosten.
- Beschadigd buiten de criteria:
  - Indien het product te zwaar beschadigd is, is een terugbetaling niet mogelijk.

### 4. Goedkeuring en verwerking door de financiële afdeling:

Voor goedgekeurde terugbetalingen beoordeelt de financiële afdeling het terugbetalingsbedrag en geeft goedkeuring op basis van de beoordeling van het magazijn. Als er onduidelijkheden zijn, kan de financiële afdeling opheldering vragen bij de klantenservice voordat de betaling wordt voltooid.

Hoofdstuk 12

# Het ontwerpen van een Proces Architectuur

- Inleiding
- Een hybride en praktische aanpak met Process-bility
- De Procesbewaker in Process-bility
- Afsluitende gedachten

# Inleiding

Processen vormen de basis van elke succesvolle organisatie. Zonder een duidelijke, gestructureerde aanpak van procesarchitectuur nemen inefficiënties toe, blijven silo's onaangetast en stagneert de bedrijfsprestatie. Dit hoofdstuk introduceert de Process-bility aanpak voor het ontwerpen van processtructuren die functionele expertise in balans brengen met efficiëntie over de gehele procesketen (end-to-end).

In dit hoofdstuk kruip je in de rol van Business Process Architect voor Ahold, waar je de taak krijgt om hun processen te structureren op een manier die samenwerking en operationele duidelijkheid bevordert. Je leert hoe je L1- tot L4-processen definieert, zodat bedrijfsprocessen worden gedocumenteerd, begrepen en continu verbeterd.

Aan het einde van dit hoofdstuk zul je:

- Het belang begrijpen van een gestructureerde proceshiërarchie (L1 tot L4).
- Leren hoe je een praktische processtructuur ontwerpt die functionele expertise in balans brengt met afdelingsoverschrijdende samenwerking.
- Zien hoe Process-bility efficiënte en schaalbare procesdocumentatie mogelijk maakt.
- De rol van een Proceseigenaar (of procesbewaker, wat ik een meer passende naam vind, gezien de verantwoordelijkheid die Process-bility aan deze rol toekent) verkennen en hoe deze verschilt van traditionele bestuursmodellen.

**Laten we beginnen!**

## Welkom bij de Uitdaging

Stel je dit voor: Ahold, de bekende supermarktgroep uit Nederland, staat onder toenemende druk om kosten te verlagen, de efficiëntie te verbeteren en de klanttevredenheid te verhogen in een steeds competitievere markt. Hoewel ze een sterke marktpositie hebben, zijn hun interne processen met de tijd steeds complexer en gefragmenteerder geworden.

Het senior management heeft de volgende belangrijke uitdagingen geïdentificeerd:

- Gebrek aan processtandaardisatie tussen verschillende winkels en afdelingen.
- Inefficiënties in operaties, klantenservice en financiële processen.
- Geen duidelijk eigenaarschap van end-to-end processen, wat leidt tot een gebrek aan afstemming tussen afdelingen.
- Procesdocumentatie is verouderd of wordt onderbenut, waardoor het voor teams moeilijk is om processen effectief te verbeteren, te trainen of te auditen.

Nu ben jij aangenomen als Business Process Architect om Ahold te helpen bij het ontwerpen van een duidelijke, gestructureerde en schaalbare procesarchitectuur die aansluit bij hun bedrijfsstrategie.

Fig12.1 Ahold - Albert Heijn winkelpersoneel

**Jouw Taak**

Jouw missie is het definiëren van de L1-L4-processtructuur voor Ahold, waardoor helderheid, consistentie en efficiëntie in hun bedrijfsvoering worden gebracht. Je werkt samen met afdelingsmanagers en bedrijfsteams om processen te structureren op een manier die samenwerking bevordert en tegelijkertijd functionele expertise behoudt.

Voor deze oefening richten we ons op vier belangrijke functionele gebieden die een cruciale rol spelen in de bedrijfsvoering van Ahold:

1. Operaties (hoofdfunctie)
2. Klantenservice (hoofdfunctie)
3. Human Resources (ondersteunende functie)
4. Financiën (ondersteunende functie)

(Opmerking: dit is een fictieve casestudy. Hoewel Ahold veel meer functionele groepen heeft, is dit voorbeeld vereenvoudigd tot vier gebieden voor duidelijkheid en leerdoeleinden.)

Laten we beginnen.

### Stap 1: Inzicht in de L1-L4-structuur

Voordat we de details induiken, een korte uitleg van de hiërarchie:

- **Niveau 1 (L1): Functionele groepen** – Het hoogste niveau van bedrijfsfuncties.
- **Niveau 2 (L2): Capaciteits- of capabilitygroepen** – De operationele hcapaciteiten die elke functie mogelijk maken.
- **Niveau 3 (L3): End-to-end processen** – De daadwerkelijke bedrijfsprocessen die teams uitvoeren en vaak meerdere L1- en L2-groepen bestrijken.
- **Niveau 4 (L4): Bedrijfsprocessen** – Meer gedetailleerde processtromen binnen elk end-to-end proces, die de uitvoering tot op taakniveau definiëren. De taken worden soms ook L5 genoemd.

### Een hybride en praktische aanpak met Process-bility

Process-bility hanteert een hybride aanpak voor het structureren van bedrijfsprocessen.

De L1- en L2-niveaus volgen een meer traditionele functionele structuur, waardoor organisaties expertise en verantwoordelijkheden binnen bedrijfseenheden kunnen beheren. Op L3 verschuift de aanpak echter naar een end-to-end procesweergave, waarmee samenwerking tussen de afdelingen en flexibiliteit wordt bewerkstelligd.

Het begin en einde van een L3-proces kunnen naar behoefte door het bedrijf worden gedefinieerd, in plaats van beperkt te zijn tot vooraf gedefinieerde afdelingssilo's.

Het gebruik van deze aanpak zorgt voor helderheid in de hele organisatie, stemt teams op elkaar af en verwijdert procesinefficiënties—een belangrijke uitdaging die Ahold moet overwinnen.

**Stap 2: Het definiëren van de procesarchitectuur van Ahold**

**Niveau 1 (L1) – Functionele groepen**

Om de procesinefficiënties van Ahold aan te pakken, is de eerste stap het vaststellen van een gestructureerde L1-hiërarchie van functionele groepen. Voor deze oefening richten we ons op vier cruciale gebieden:

1. Retailoperaties (Verkoop)
2. Klantenservice
3. Human Resources (Personeelszaken)
4. Financiën

Deze vier groepen zijn geselecteerd omdat ze directe invloed hebben op kostenreductie, klanttevredenheid, personeelsbeheer en financiële duurzaamheid—hoofdgebieden die moeten worden geoptimaliseerd om de bedrijfsdoelen van Ahold te ondersteunen.

**Niveau 2 (L2) – Capaciteitsgroepen**

Laten we nu de belangrijkste capaciteiten binnen elke functie definiëren:

1. Retail operaties (Verkoop)
   - Winkelbeheer
   - Voorraadbeheer
   - Verwerking van online bestellingen

2. Klantenservice
   - Ondersteuning in de winkel
   - Loyaliteit en beloningen
   - Klantfeedback en probleemoplossing
   - Online en callcenterondersteuning

3. Human Resources (Personeelszaken)
- Talentwerving
- Training en ontwikkeling
- Veiligheid op de werkplek en naleving
- Beheer van salaris en secundaire arbeidsvoorwaarden

4. Financiën
- Betalingsverwerking
- Financiële rapportage
- Budgettering en prognoses
- Inkomsten en uitgaven

Fig12.2 Procesarchitectuur van Ahold (fictief)

**Niveau 3 (L3) – End-to-end processen (crossfunctioneel en crosscapaciteit)**

Voor de capaciteit Klantenservice – Ondersteuning in de winkel staan hieronder de drie belangrijke end-to-end processen:

1. **Klantterugbetaling en -oplossing** – Het afhandelen van terugbetalingsverzoeken, het verifiëren van de geschiktheid, het verwerken van terugbetalingen en het bijwerken van de voorraad.
2. **Afhandeling van klantklachten** – Het beheren van klantklachten, het registreren van problemen, het escaleren waar nodig en het waarborgen dat oplossingen voldoen aan de servicenormen.
3. **Inschrijving en ondersteuning loyaliteitsprogramma** – Het assisteren van klanten bij aanmeldingen voor het loyaliteitsprogramma, het oplossen van problemen met beloningen en het waarborgen van een nauwkeurige puntentoekenning.

We zullen ons nu richten op het eerste voorbeeld: Klantterugbetaling en -oplossing als een gedetailleerd L3-proces.

**Bedrijfsscenario:** Terugbetaling van in-store bestelling en klantoplossing

**Context:**

Een klant komt een Albert Heijn winkel binnen om een terugbetaling aan te vragen voor een recent gekocht product. Het proces omvat meerdere functies: **Klantenservice** (winkelpersoneel), **Operaties** (winkelmanager) en **Financiën** (kassamedewerker/betalingsverwerkingsteam).

**Procesbeschrijving:**

1. Klant vraagt terugbetaling aan (Klantenservice)
    - De klant presenteert het product en de bon aan het winkelpersoneel.
    - Het winkelpersoneel registreert het verzoek in het systeem.
2. Controle van terugbetalingsgeschiktheid (Klantenservice)
    - Het winkelpersoneel controleert de terugbetalingsvoorwaarden:
        - Binnen de termijn van het terugbetalingsbeleid?
        - Product in acceptabele staat?
        - Bon beschikbaar?
    - Indien geschikt, ga door met de productretour.
    - Indien niet geschikt, leg dit uit aan de klant en wijs het verzoek af.
3. Verwerking van productretour (Retailoperaties)
    - De winkelmanager inspecteert en keurt de productretour goed.
    - Het geretourneerde artikel wordt in de voorraad geregistreerd als "geretourneerde voorraad".
4. Verwerking van terugbetalingstransactie (Financiën)
    - De terugbetaling wordt verwerkt op basis van de oorspronkelijke betaalmethode:
        - Aankoop met Bankkaart (pin) → Terugbetaling naar Bankrekening.
        - Contante aankoop → Contant geld terugbetaald.
        - Winkeltegoed/cadeaubon → Tegoedbon uitgegeven.
    - Financiën registreert de terugbetaling in het systeem.
5. Klantmelding en afsluiting van het verzoek (Klantenservice)
    - Het systeem genereert een terugbetalingsbewijs.
    - Het winkelpersoneel geeft bevestiging aan de klant.
    - Het verzoek wordt gemarkeerd als opgelost.

**Belangrijk opmerkingen voor het modeleren in BPMN:**

- Externe Pool:
  - Klant

- Swimlanes:
  - Klantenservice → Behandelt terugbetalingsverzoeken en klantcommunicatie.
  - Operaties (Winkelmanager) → Verifieert en keurt de productretour goed.
  - Financiën (Kassamedewerker/Betalingsverwerking) → Voert de terugbetalingstransactie uit.

- Events & Gateways:
  - Gebruik een exclusieve gateway (XOR) na de geschiktheidscontrole om te splitsen tussen goedgekeurde terugbetalingen en afgewezen verzoeken.

- Einde Events:
  - Terugbetaling voltooid (voor succesvolle transacties).
  - Verzoek afgewezen (voor niet-geschikte terugbetalingen).

📌 Om het end-to-end L3 BPMN-model voor dit proces te verkrijgen, kunt u een e-mail sturen naar kevin.tan@process-bility.com met als onderwerp 'Process-bility Albert Heijn'.

# Procesbewaker in Process-bility

In Process-bility wordt het traditionele concept van een Proceseigenaar vervangen door een meer praktische en collaboratieve rol, de Proces-bewaker. In plaats van een autoritaire figuur in het management te zijn, fungeert de Procesbewaker als facilitator en coördinator, die ervoor zorgt dat processen goed gedocumenteerd zijn, actueel worden gehouden en effectief worden gebruikt door zowel zakelijke als technische belanghebbenden. Ze spelen een cruciale rol in crossfunctionele samenwerking door samen te werken met, en niet boven, de managers van verschillende silo's.

**Waarom Procesbewaker in plaats van Proceseigenaar?**

De traditionele rol van een proceseigenaar creëert vaak onnodige spanning, verwarring en inefficiëntie, omdat het controle impliceert over processen die meerdere teams omvatten. De procesbewaker is daarentegen bedoeld om samen te werken met, en niet boven, functionele managers, en hen te helpen hun processen op elkaar af te stemmen en te coördineren zonder hun autoriteit te verstoren.

**Belangrijkste verantwoordelijkheden van een Procesbewaker:**

- Zorgen dat procesdocumentatie actueel is: De Procesbewaker onderhoudt de nauwkeurigheid van processen en zorgt ervoor dat deze de huidige bedrijfsvoering weerspiegelen.
- Ondersteunen van zakelijke en technische belanghebbenden: Teams helpen processen effectief te gebruiken voor verbeteringen, training en audits.
- Faciliteren van overeenstemming tussen silo's: Aangezien L3-processen meerdere functionele gebieden omvatten, zorgt de Procesbewaker voor overeenstemming tussen silomanagers voordat wijzigingen worden aangebracht.
- Beheren van proceswijzigingsverzoeken: Wanneer updates nodig zijn, is de Procesbewaker verantwoordelijk voor het verkrijgen van overeen-stemming van alle betrokken silomanagers voordat wijzigingen in L3-processen worden goedgekeurd.

# Slotgedachten

Het ontwerpen van een effectieve processtructuur draait om het laten werken van processen voor de organisatie. Met Process-bility hanteren we een hybride aanpak, waarbij we een stabiele functionele hiërarchie (L1–L2) handhaven en tegelijkertijd flexibele, crossfunctionele end-to-end processen (L3) mogelijk maken.

Door de Procesbewaker te introduceren, stappen we af van rigide proceseigenaarmodellen en stimuleren we samenwerking, afstemming en continue verbetering. Dit zorgt ervoor dat processen relevant, praktisch en aanpasbaar blijven aan de bedrijfsbehoeften.

Een goed ontworpen processtructuur brengt duidelijkheid, vermindert inefficiënties en stelt teams in staat om effectief samen te werken. Met Process-bility beschikt u nu over de tools om schaalbare en duurzame procesmodellen te creëren die de kloof tussen silo's overbruggen en betekenisvolle bedrijfsresultaten stimuleren

# Wat anderen zeggen over Process-bility:

"Als mensen zeggen dat ze uw perfect correcte procesmodellen niet begrijpen, geef dan niet de mensen de schuld. Kijk naar de modellen zelf. Welk bedrijfsprobleem helpen ze te definiëren en op te lossen? Geen, als de doelgroep de modellen niet begrijpt.
Lees dit boek. Volg Kevins advies op. Maak procesmodellen die communiceren."

**Roger Tregear**
Senior Adviseur - TregearBPM
**Australië**

**Mirko Kloppenburg**
Oprichter van
NewProcessLab.com
**Hamburg, Duitsland**

"Kevin is een ware meester in deze kunst. — De Van Gogh van bedrijfsprocesmodellering. En met Process-bility heeft hij de grondbeginselen van zijn kunst gedestilleerd tot een raamwerk dat je zal helpen je eigen meesterwerken te creëren die mensen echt zullen inspireren en je processen vooruit zullen helpen"

"Mijn ervaringen met het trainen en coachen van procesmodelleerders hebben de inherente complexiteit van BPMN blootgelegd. Deze ervaringen hebben Kevin ertoe aangezet zijn aanpak te verfijnen, wat uiteindelijk heeft geleid tot de creatie van "BPMN Made Easy with Process-bility". Invloedrijke stemmen in dit vakgebied, zoals Bruce Silver, hebben het BPMN-palet opgedeeld in beheersbare lagen, waardoor helderheid is gecreëerd door zijn invloedrijke werk "BPMN Method and Style". Kevin Tan heeft deze aanpak verder vereenvoudigd door drie leidende principes te benadrukken:
Storytelling, visuele balans en eenvoud.

Zoals de statisticus George E. P. Box treffend opmerkte: "Alle modellen zijn fout, maar sommige zijn nuttig." Door Process-bility te omarmen, ben je in staat om modellen te creëren die niet alleen nuttig, maar ook begrijpelijk zijn, waardoor je organisatie haar processen kan implementeren en continu verbeteren. Dit boek dient als een baken voor iedereen die de ware kracht van BPMN wil benutten en zijn bedrijfspraktijken naar nieuwe hoogten wil tillen. Welkom bij een reis van helderheid, innovatie en betekenisvolle transformatie."

**Clyde Livingston**
Senior Manager | Business Process Management (BPM)
**Sydney, Australia**

Als iemand die al meer dan 5 jaar modelleert met behulp van UML (Unified Modeling Language), zoals klassendiagrammen, use case diagrammen, activiteitendiagrammen en gegevensstroomdiagrammen, is BPMN niet nieuw voor mij. Ik ondervond echter problemen bij het toepassen van BPMN op het werk, omdat ontwikkelaars het moeilijk te begrijpen vonden vanwege de regels en gateways. Daardoor zijn we teruggekeerd naar het gebruik van activiteitendiagrammen.

Ik heb de eerste 5 hoofdstukken van Kevin ontvangen en ik zie de waarde ervan, ongeacht of je een nieuwe of ervaren business analist bent. Het boek vat zijn 20 jaar aan ervaring, inclusief veel vallen en opstaan, in procesmodellering samen. Het boek richt zich niet op de technische vereisten van engineering, maar meer op hoe je BPMN beter, nauwkeuriger en gemakkelijker leesbaar kunt maken om de bedrijfsprocesstory te communiceren naar lezers. Ik beveel dit aan aan nieuwe en ervaren business analisten die beter willen worden en verder willen gaan in het creëren van BPMN.

**Duc (Alex) Doan**
Business Analist
**Napier, Hawke's Bay, Nieuw Zeeland**

Kevins boek is geweldig voor organisaties, procesleiderschap en professionals die hebben geïnvesteerd in het concept van processen en het goed willen doen. In deze pagina's vertaalt hij zijn uitgebreide ervaring en zijn thought leadership over dit onderwerp naar praktische tips voor het maken van procesmodellen die een verhaal overbrengen dat door een breed scala aan belanghebbenden kan worden gebruikt voor vele transformationele use cases.

Dit is een must-read voor iedereen die niet alleen procesmodellen wil maken, maar er ook voor wil zorgen dat deze modellen een blijvende positieve impact hebben op hun organisatie.

**Michael Schank**
Digitale Transformatie & Operational Excellence Consultant
**Verenigde Staten**

**Denys Ignatius**
Busines Analist
**Wellington, Nieuw Zeeland**

Het is een gamechanger, moet ik zeggen, nu ik onlangs de eer had om een van de eerste lezers van deze geweldige gids te zijn! Dit boek is voor iedereen die zich ooit overweldigd heeft gevoeld door de complexiteit van BPMN.
Kevin Tans Process-bility methode elimineert ambiguïteit en prioriteert storytelling, helderheid en eenvoud. In plaats van verstrikt te raken in technische details, concentreert Process-bility zich op het ontwikkelen van modellen die visueel in balans, begrijpelijk en echt boeiend zijn. Het doel is om procesdiagrammen te transformeren in begrijpelijke, boeiende verhalen die teams inspireren tot actie.

"In een landschap waar helderheid in bedrijfsprocesmodellering van het grootste belang is, maar vaak ongrijpbaar blijft, onderscheidt Kevin Tans "BPMN Made Easy with Process-bility" zich als een significante vooruitgang in het gebruik van de BPMN-methodologie. Als voorstander van Universal Process Notation (UPN) heb ik vaak de nadruk gelegd op eenvoud, consistentie en bruikbare inzichten in proceskaarten—waarden die worden weerspiegeld in Kevins nieuwe benadering van BPMN. Zijn concept van "Process-bility" destilleert de complexiteit van BPMN tot toegankelijke, betekenisvolle verhalen die iedereen kunnen worden begrepen, van leidinggevenden tot eerstelijnsteams.

Kevins drie leidende principes—Storytelling, visuele balans en eenvoud—dienen niet alleen als model voor BPMN, maar ook als herinnering aan wat procesmodellering zou moeten bereiken: intuïtieve communicatie die begrip en actie stimuleert. Deze principes sluiten aan bij het UPN-framework, met name de nadruk op het beantwoorden van fundamentele vragen over Wat, Waarom, Wanneer, Wie en Hoe in elke processtap. Kevins focus op waarom processen belangrijk zijn voor een bedrijf illustreert deze overeenstemming, omdat hij modelleurs aanmoedigt om overmatige technische details te vermijden ten gunste van een transparante, doelgerichte stroom.

Door middel van Process-bility heeft Kevin volgens mij een gids gecreëerd die zowel grondig als toegankelijk is, waarmee hij de vaak lastige kloof tussen technische nauwkeurigheid en zakelijke relevantie overbrugt. Zijn aanpak biedt helderheid bij het weergeven van complexe processen, waarbij hij de veelvoorkomende valkuilen van BPMN, zoals overmatige detaillering en misbruikte gateways, vermijdt door te pleiten voor precies de juiste hoeveelheid notatie, de juiste verhaallijn en de juiste visuele organisatie. Deze toewijding aan helderheid maakt "BPMN Made Easy with Process-bility" een waardevolle bron voor iedereen die een breder publiek aanspreekt, niet alleen ervaren analisten of technische experts.

Kevins werk gaat niet alleen over het verfijnen van een hulpmiddel; het gaat over het hervormen van de manier waarop we communiceren en samenwerken via procesmodellen. Tijdens uw reis door zijn inzichtelijke hoofdstukken zult u praktische technieken vinden die BPMN transformeren van een technische oefening naar een essentiële taal van gedeeld begrip, een principe dat volgens mij blijvende waarde zal brengen aan organisaties van alle groottes."

**Walter Th. Bril**
Mede-initiatiefnemer en UPN-ambassadeur
**Maastricht, Nederland**

"Bedankt, Kevin, voor het tot leven brengen van het bedrijfsprocesmodel. Ik heb enorm genoten van de hoofdstukken en raad iedereen dit te lezen."

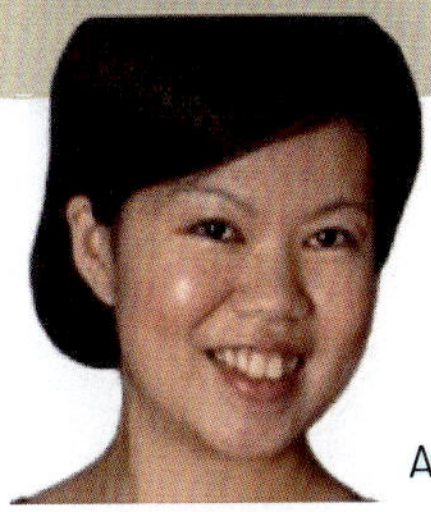

**Hwee-Li Lee**
Agile Busines Analist
**Perth, Australië**

# Opmerking van de illustrator:

Ik ben er trots op deel te hebben uitgemaakt van een project dat de potentie heeft om de manier waarop mensen procesmodellering benaderen te revolutioneren. Process-bility is een bewijs van Kevins expertise en toewijding om anderen te helpen.

Als productontwerper en enter-training-enthousiaste-ling sprak Kevins aanpak, waarbij hij lastige technische informatie omzet in toegankelijke, plezierige leerervaringen, mij enorm aan.

Als collega-businessanalist ben ik blij met deze handige referentie die mijn werk zal begeleiden.

Als je benieuwd bent hoe ik AI heb gebruikt om de illustraties voor dit boek te maken, bekijk dan mijn YouTube-video. Ik bespreek ook de uitdagingen en kansen die AI-beeldgeneratoren bieden voor niet-creatieve mensen die hun berichten of producten willen verbeteren

**Orsi Palfi**
linkedin.com/in/orsipalfi/
Australia

# Dankwoord

Bedankt dat u de tijd heeft genomen om 'Eenvoudig BPMN Toepassen met Process-bility' te lezen.
Process-bility is niet zomaar een handleiding voor procesmodellering—het is een weerspiegeling van de lessen, uitdagingen en aha-momenten die ik heb ervaren tijdens mijn reis in BPMN-modellering. Mijn hoop is dat de inzichten, technieken en voorbeelden die hier worden gedeeld, u zullen inspireren om procesmodellering niet alleen als een technische oefening te benaderen, maar als een krachtig communicatiemiddel.

In de huidige TikTok-wereld zijn helderheid en eenvoud waardevoller dan ooit. Processen evolueren, passen zich aan en transformeren, en Process-bility biedt een raamwerk om ervoor te zorgen dat u met hen kunt meegroeien. Dit boek gaat niet alleen over het maken van modellen—het gaat over het op één lijn brengen van mensen, het oplossen van problemen en het aanzetten tot actie.

Als er één ding is dat ik in de loop der jaren heb geleerd, is het dat de echte magie gebeurt wanneer we onze groeimindset herontdekken—nieuwe manieren van denken omarmen, open samenwerken en, bovenal, plezier hebben onderweg. Dus, terwijl u verdergaat, moedig ik u aan om Process-bility te omarmen, ervan te leren en het uw eigen te maken.

Nogmaals hartelijk dank dat u deel uitmaakt van deze reis. Op het omzetten van complexiteit in helderheid en het eenvoudig maken van BPMN voor iedereen.

Met warme groet,

**Kevin Tan**
P.S. Een goed procesmodel is er een die je nog steeds makkelijk begrijpt na drie glazen wijn.

**Hartelijk dank voor het lezen!!**

Ik waardeer het zeer dat u de tijd heeft genomen om "BPMN Made Easy with Process-bility" te lezen.
Ik hoop dat dit boek u heeft geholpen om BPMN op een nieuwe manier te zien – met helderheid, eenvoud en effectiviteit.

📌 Als u dit boek waardevol vond, hoor ik graag uw feedback!
Overweeg alstublieft een recensie achter te laten op Amazon – uw inzichten zullen anderen helpen om ook te profiteren van Process-bility.

🌐 Blijf verbonden voor meer BPMN-inzichten:

Website: www.process-bility.com
LinkedIn: linkedin.com/in/kevin-tan-process-bility/

Process-bility Press
"Nu kan iedereen BPMN begrijpen."